M000313365

LA FELICIDAD ES EL PROBLEMA

Pedro Vivar Núñez

Título: *La felicidad es el problema*

© Pedro Vivar Núñez, 2020

Diseño y maquetación:
    Barraquete Diseño y Comunicación

ISBN: 978-84-09-18165-0
Depósito legal: M-5038-2020

Impreso en España

ÍNDICE

PRÓLOGO

*"Un hombre debe buscar lo que es
y no lo que cree que debería ser"*

ALBERT EINSTEIN

Mientras escribo esto, estoy en un avión a más de 9.000 m de altura viajando a unos 900 km/h, aún así, mi mente va tan despacio que puedo pararme a digerir lo que Pedro acaba de compartir conmigo y escribirte una pequeña nota sobre lo que verás en estas páginas.

Estamos, sin duda alguna, en la era más apasionante de la historia.

Tenemos más salud, riqueza y recursos para hacer lo que queramos que nunca, sin embargo, vivimos en una continua abundancia de ruido y falta de contenido.

Si Tim Ferriss y Mark Manson escribieran un libro juntos para solucionar esto, estaría repleto de experimentos que pueden parecer no tener sentido, frases que para muchos resultaran un jarro de agua fría e historias que te harían ver el mundo con otros ojos tras leerlas.

Recuerdo cuando de niño leía esos libros de *"Elige tu propia aventura"* y me sentía el protagonista de la historia, totalmente en control de mis decisiones y los resultados que las mismas me darían. ¿No sería genial tener un manual para la vida que enfoque el mundo de forma similar?

Este libro es exactamente eso.

En *"La felicidad es problema"*, Pedro expone su tesis sobre cómo perseguir "la felicidad" y todo lo que la sociedad moderna considera como tal, puede ser precisamente lo que nos esté haciendo verlo todo más oscuro que nunca peses a vivir en una "época dorada".

En éstas páginas verás experiencias, historias y recursos para casi cualquier cosa a la que te enfrentes en tu día a día.

Dependerá de ti el elegir un camino u otro.

Dependerá de ti el que la felicidad sea realmente un problema, o el efecto secundario de un cúmulo de acciones que están en tu mano en cada momento.

Elige bien.

ALBERTO ÁLVAREZ

MI OBJETIVO
CON ESTE LIBRO

No hacemos lo que nos dicen,
hacemos lo que vemos

Vivimos en la época de la historia en la que más posibilidades tenemos de decidir nuestras influencias. Desde el último siglo, venimos de un crecimiento social y humano gigante con la aparición de la televisión, tras años de ser únicamente meros espectadores a merced de lo que los medios querían que viéramos y escuchásemos. Entonces, apareció Internet para conectar personas de todas partes del mundo que querían mostrar lo que hacían, cambiando los paradigmas de qué es el Estado o las grandes multinacionales. Cada día más y más personas nos estamos convirtiendo en creadores y la posibilidad de acceder a contenido de valor es una oportunidad que hasta hoy no ha sido tarea ni fácil ni barata.

Gracias a las redes sociales cada vez más personas se están sintiendo inspiradas a tomar acción y dejar de ser únicamente espectadores, por lo que los cambios que vamos a ver en el mundo los próximos años van a ser impredecibles.

En su momento decidí dejar de ser un mero espectador, a querer tomar acción y querer cambiar el mundo. Desde entonces, no ha habido día que no quisiera dar lo mejor para cambiarme a mí mismo.

Estoy seguro de que eres una persona con muchísimo potencial y que mucha de las cosas que vas a leer aquí, ya las sabes, pero hazte esta pregunta: **¿las aplicas en tu día a día?**

Como decía Wittgenstein en el Tractatus:

> *"Los límites de mi lenguaje significan los límites de mi mundo."*

Esto significa que nosotros creamos nuestra propia vida a raíz de nuestras palabras, evidentemente, desde nuestros pensamientos.

Y, muchos de ellos normalmente vienen condicionados por la manera que tenemos de percibir nuestra propia realidad, no la realidad en sí.

¿Te has preguntado alguna vez si la manera en la que te expresas es la que más encaja con tus objetivos? Estoy convencido de que tienes una manera de expresarte única y personal, pero; ¿consideras que tu lenguaje y tu manera de expresarte utiliza las palabras de manera que encauza tu vida a conseguir tus metas?

Para ello me gustaría que te preguntaras si en tu día a día utilizas expresiones como:

No puedo...

Tengo que...

Es que soy así...

Mejor otro día...

Mucho, poco...

Fue suerte (buena o mala)...

Si estas expresiones te son familiares, este libro te interesa más de lo que puedas imaginar. En el Podcast EmotionMe donde entrevisto a atletas de competición, profesionales del mundo de la salud o la empresa, muchos de los entrevistados tenían algo en común y esto era la consciencia sobre el lenguaje que utilizaban. Un ejemplo de esto es Lydia Valentín (campeona Olímpica y del Mundo), una persona que no se permitía el uso de ciertas palabras o expresiones en su vocabulario.

Vivimos en el inicio de todo este cambio y, si no lo sabes todavía, este libro va a impulsarte a alcanzar todo lo que te propongas.

CAPÍTULO 1

La supervivencia está regalada

Mira a tu alrededor. Te invito a preguntarte si te has dado cuenta de que hoy en día no tenemos ningún problema para sobrevivir.

Estoy seguro de que si estás leyendo este libro vives entre cuatro paredes y un techo, tienes un grifo con agua corriente y potable por si tienes sed y un termo para calentarla por si tienes la necesidad de darte una ducha o un baño. Por si fuera poco, me atrevería a decir que dispones de una despensa con alimentos frescos que tú mismo has elegido para hoy y los próximos días. Y que el calzado, y la ropa que llevas puesta, sea o no sea de una determinada marca, la has elegido tú por criterio propio basado en tus estándares de moda y gusto personal y que has ido modificando en función a tus gustos o necesidades.

Tal vez sea aventurarme mucho, pero es muy posible que dispongas de red eléctrica y conexión a internet para entretenerte y relacionarte de manera directa e instantánea con tus seres queridos y familiares, siempre que tienes la necesidad.

Toda esta información la tienes sin ser adivino o ningún poder telequinético, simplemente mirando a las personas de tu alrededor y a las que ves a través de la pequeña pantalla de tu smartphone.

Además, la estadística de las personas que han adquirido este libro nos dice alguna cosa más, como que tengan o no tengan un trabajo estable. También es probable que dispongan de efectivo suficiente como para ir a cualquier restaurante y pedir a otro ser humano que le traiga la comida que desee y que, a su vez, otro ser humano especialista en cocina la prepare gustosamente mientras la esperamos manteniendo una conversación con amigos.

¿Entonces? ¿Por qué las tasas de depresión, de inconformidad son cada vez mayores?

Como comentábamos al principio de la introducción el problema no está en sobrevivir. **Vas a sobrevivir incluso aunque no quieras.** Incluso, aunque decidas llevar hábitos en contra de tu salud (fumando a diario, llevando una dieta basada en bebidas azucaradas y comida rápida), dispones de medios para mantenerte con vida, sabiendo que en cualquier otra época de la historia morirías inevitablemente debido a la falta de medios médicos para prolongar la vida.

LOS BUENOS MOMENTOS EXISTEN
PORQUE HEMOS CONOCIDO
LA ADVERSIDAD

DEPRESIÓN, LA EPIDEMIA DEL SIGLO XXI

La sufren 350 millones de personas. La OMS alerta de las cifras y dice que se trata de un problema de salud pública que no deja de aumentar. De no tomarse medidas, advierte, las pérdidas económicas pueden alcanzar el trillón de dólares anuales en el mundo.

TABLA 1

Tasas de depresión crónica en la población española

Edad	Varones	Mujeres	M:V	Total
16-24	1,1	1,5	1,4	1,3
15-34	2,5	2,7	1,3	2,6
35-44	2,5	5,7	2,3	4,1
45-54	3,1	8,1	2,6	5,6
55-64	5,5	12,2	2,2	9,0
65-75	4,9	16,0	3,3	10,9
>75	5,7	15,9	2,8	11,9
Total	3,3	8,2	2,5	5,8

La depresión puede convertirse en un problema de salud muy serio, especialmente cuando es de larga duración y de intensidad grave. En el peor de los casos, **puede conducir al suicidio, que ya es la segunda causa de muerte en el grupo de edad de entre 15 y 29 años.**

No hay una causa única que la desencadene. La depresión es el resultado de una suma de factores sociales, psicológicos y biológicos. Pasar por un momento personal adverso como el desempleo, una ruptura emocional o la muerte de alguien cercano aumenta las posibilidades de sufrir depresión. También hay una relación entre esta enfermedad y la salud física.

Dicen que es importante conocer la historia para no repetir los errores que se cometieron durante ella. La ciencia por otra parte nos dice que muchos de nosotros desarrollamos la mayor parte de nuestra personalidad desde los 0 a los 6 años y que son estas edades las que van a marcar nuestro subconsciente, y aunque es cierto que todos tenemos marcadas unas necesidades y motivaciones basadas en el placer y el dolor vividos durante esa época, el despertar de tu consciencia y el mirar de dónde vienes, y entender y aceptar esas motivaciones es lo que va a hacerte cuestionar si quieres o no seguir en ese camino.

A lo largo de nuestras vidas recibimos influencias de todo tipo de personas. De hecho, en mi caso personal puedo decirte que he sido una persona muy influenciable y manipulable. No obstante, las circunstancias que vivimos nos permiten poder aprender de cada experiencia y éstas son las experiencias que yo te traigo.

¿Por qué estamos deprimidos?

Piensas que buscas felicidad, cuando lo que buscas es propósito: un sentido que explique lo que has venido a hacer a esta tierra. La felicidad no es el destino, la felicidad es la consecuencia de una decisión (*El sentido de la vida*, Capítulo 8).

Es importante señalar que no hace tanto que el ser humano era un animal sin consciencia. Aún hay personas que no han despertado su consciencia, pero los tiempos en los que vivimos nos ayudan a hacerlo.

Sentirse mal o tener emociones de mierda es inevitable. Pero puedes dominar esas emociones en lugar de ellas a ti.

NO DEJES QUE INSTAGRAM TE TOME POR TONTO

Aquí hay personas con 3-9 likes por foto que tienen más amigos y personas de confianza que algunos con más de 100 a los que no los quiere ni su madre.

Parejas que parecen muy tiernas y felices juntas en fotos, pero que en verdad son más miserables que el demonio.

Otras personas no postean fotos de quienes quieren y tienen preciosas relaciones.

Hay gente que debería pasar un examen
para poder usar Internet

Personas que andan hasta el cuello, pero viven la vida del lujo de Instagram. Por último, recuerda que esto no es la vida real, esto es una red social de apariencias. Son sólo apariencias. Hay personas que se ganan la vida con esta red social, por lo que muchas personas llegan a pagar a empresas para que aumenten su número de seguidores, y 'likes' en cada foto, para que parezcan más atractivos de lo que son realmente. Por lo que, a la hora de compararnos con ellos podemos parecer más pequeños o menos interesantes, cuando no es así.

Lo peor que tiene estos efectos es que crea un dualismo muchas veces sin sentido de, por un lado, de personas que se inspiran y quieren compartir sus vivencias y aprendizajes, y, por otro lado, personas que se sienten más pequeñas al compararse y que creen que su valor es menor al de las personas que siguen por no tener esos seguidores.

Es el llamado **"Síndrome del Impostor"** que descubrí gracias a un post de mi amigo Alberto. Este concepto viene a decirnos algo así como que TODOS en algún momento de nuestra vida, hemos pasado por una sensación de "impostor" en la que no hemos querido compartir algo por miedo a no ser suficientemente bueno, porque esas ideas ya las habías leído en algún sitio o a algún autor o influencer, y te ha llevado a pensar que no eres original, o pensar que no vales.

Tal vez no lo sepas, pero eso le ha pasado a todo el mundo en algún momento. Y no es motivo suficiente como para frenarte. Ese miedo que sientes es normal. Claro que pensar que lo que vas a decir no es nuevo y que para poner eso mejor te lo ahorras es mucho peor. No te quedes en silencio. Tu palabra suma y tu forma de expresarte puede que sea el canal para que el contenido que otras personas te hicieron despertar a ti, despierte a los demás.

Recuerda: **un líder es aquel que te hace creer que tú también puedes serlo.**

> ***Nicolás Copérnico,*** perfeccionó su descripción de los movimientos planetarios siendo canónigo en la Catedral de Fraeunburg, trabajo por el que tuvo grandes problemas en la iglesia.

> ***Galileo*** estudió medicina, pero obtenía más placer deduciendo cosas tales como la situación del centro de gravedad de distintos objetos sólidos.

Isaac Newton formuló sus experimentos antes de graduarse en Cambridge, cuando la universidad se cerró por la peste, jugando con la Teoría de la Gravedad en el campo.

Laurent Lavoisier, fundador de la química moderna, trabajaba en el Ministerio de Hacienda en la Francia Pre-revolucionaria, pero disfrutaba más haciendo experimentos.

Gregor Mendel, era clérigo y sus estudios sentaron las bases de la genética a través de la jardinería.

Einstein, escribió sus ensayos más importantes mientras trabajaba en la oficina suiza de patentes.

Estos impostores, no se sintieron incapacitados por sus pensamientos porque no fueran figuras reconocidas o científicos importantes, mientras hacían lo que hacían simplemente hicieron lo que les gustaba de verdad. (*Estado de Flow*, Capítulo 3.)

No hay duda de que un profano no puede contribuir en la misma medida al tipo de aporte que depende de multimillonarios superconductores o un espectroscopio de resonancia magnética nuclear, pero estos campos no representan las únicas ciencias que existen. No te dejes limitar por la opinión pública. El coste de oportunidad de no hacer nada por miedo a "ser un impostor" es demasiado elevado como para quedarte de brazos cruzados.

No busques ser perfecto, nadie lo es (por mucho que lo pueda parecer). Y, sobre todo, necesitas cometer muchos pequeños errores hasta ser lo suficiente bueno. Pero no lo hagas por ti solo, sé generoso. Da lo que tengas de la manera que puedas y sé honesto con ello. Si supieras los beneficios de aportar, lo harías por puro egoísmo.

Crea ese contenido y compártelo, el mundo lo necesita. Nunca sabes qué puede iniciar esa llama que se necesita para que alguien tome acción, ya puede estar dicho, pero no lo está con tus palabras.

No todo el mundo aparenta en esta red social, no me malinterpretes. Aquí hay personas igual de honestas que en la vida real. Sólo te recuerdo que no seas ingenuo. Vive tu vida. Persigue tus propios propósitos y metas. Y no dejes que otras personas te desenfoquen del camino ni te hagan necesitar y desear nada que realmente ni necesitas ni deseas.

Si eres una de esas personas que consideras que no eres importante porque no tienes muchos seguidores, he de decirte que efectivamente, no eres importante porque tú mismo piensas así de ti. Y así se lo transmites a los demás. Por otra parte, puedes ser una persona que tenga muchos o pocos seguidores sepa reconocer su influencia y repercusión más allá de la cantidad de gente que le de 'me gusta' a sus fotos.

A nivel personal y profesional tengo contacto con personas con millones de seguidores, como actores con repercusión internacional, y son personas como tú y como yo: con problemas personales, profesionales y un sin fin de experiencias que querrías o no querrías vivir. La principal diferencia entre las personas es lo que les afecta el ambiente de cara a hacer lo que ellas quieren hacer realmente.

Cuando tienes 20, te preocupas
de lo que todo el mundo piensa de ti

Cuando tienes 40, paras de preocuparte
de lo que todo el mundo piensa de ti

Cuando tienes 60, descubres
que a la única persona que pensaba en ti
eras tú mismo

NO
PIERDAS ALGO
QUE TODOS TENEMOS
AUNQUE NO SEAMOS CONSCIENTES
DE ELLO: LA AUTENTICIDAD.
NO TE COMPORTES COMO NO LO HARÍAS
SI NADIE TE ESTUVIESE MIRANDO

¿Conoces esta historia?

En 1983, un talentoso y joven guitarrista fue echado de la peor manera posible. El grupo había logrado cerrar recientemente un contrato con un sello musical y estaba a punto de grabar su primer álbum.

Durante su trayecto de Nueva York a Los Ángeles se preguntaba: "¿Cómo ha sucedido? ¿Qué hice mal? Los contratos para grabar discos no caen del cielo. En especial a bandas metaleras estridentes que están empezando".

Cuando terminó el viaje eliminó su autocompasión y decidió que este grupo sería tan exitoso que sus viejos compañeros estarían condenados a lamentarse y se bañaría en el llanto de sus traidores.

Dave Mustaine trabajó como si hubiera sido poseído por un demonio musical dedicó meses a buscar músicos mejores y la venganza se convirtió en su musa.

El grupo que formó fue la legendaria banda de heavy "Megadeth" y lograría vender más de 25 millones de álbumes.

Desafortunadamente, la banda de la que lo echaron se llama Metallica, que ha vendido más de 180 millones de álbumes.

Por esa razón, en 2003, en una rara e íntima entrevista admitió que seguía considerándose a sí mismo como un fracaso. A pesar de todo lo que logró en su mente siempre sería el chico al que echaron de Metallica.

COMPARARSE INSPIRA Y TE HACE INFELIZ

La actitud lo es todo. ¿Qué pasaría si en lugar de ver las cosas "malas" que te pasan como algo "malo", lo vieras como experiencias que están forjando tu carácter y lecciones que te da la vida?

¿No has pensado nunca que todas las cosas "malas" que te han pasado te han hecho sacar lo mejor de ti?

— La ruptura que te partió el corazón.

— El jefe/profesor que te puteaba y te hacía hacer más que nadie.

— El entrenador que te gritaba porque te tenía "manía" y no te dejaba respirar.

Hay un refrán bíblico que dice: ***"si te mantienes fiel a unas pocas cosas, algún día llegarás a dominar muchas".*** Así de simple. La vida es reacia a entregar fortuna y responsabilidad a los que desperdician su tiempo.

INTRODUCCIÓN AL ESTRÉS

Alrededor del 80% de las consultas a médicos generales en EEUU y Europa tiene una clara relación con el estrés. Estudios amplios, según la Universidad de Harvard en Boston, han demostrado que la forma dañina de estrés, llamada distrés y es causada por la pobre capacidad de gestión emocional. Esta incapacidad se hace especialmente patente en los conflictos interpersonales, los cuales generan niveles muy altos de frustración, resentimiento e ira, conduciendo al aislamiento. Como seres humanos cuando nos sentimos aislados de una manera habitual, podemos llegar a multiplicar por cinco las posibilidades de enfermar.

Por otro lado, cuando hablamos del estrés olvidamos a un componente igual de importante que el distrés que tiene el efecto contrario.

«EL ESTRÉS AYUDA, EL DISTRÉS ANULA»

Este componente es conocido como eustrés y aumenta nuestra concentración y la capacidad de gestionar las cosas con otra perspectiva, favoreciendo el aprendizaje y además de mejorar otras funciones cognitivas.

Sin embargo, no se trata de aumentar nuestro eustrés o eliminar nuestro distrés, se trata de aumentar la carga de estrés psicológico o problemas en tu vida sin ningún tipo de sentido. Estamos hablando de hormesis.

NO SE TRATA DE SALIR DE LA ZONA DE CONFORT, SE TRATA DE AMPLIAR NUESTRA ZONA DE CONFORT

¿QUÉ ES LA HORMESIS?

En toxicología, la hormesis es un fenómeno que relaciona la dosis y la respuesta del organismo ante una determinada sustancia. De esta forma, existe una cierta respuesta con una dosis baja ("la dosis mínima efectiva" o "MEV" si hablamos, por ejemplo, de volumen de entrenamiento) y una determinada dosis donde la respuesta ya va a ser mayor ("la dosis máxima recuperable" o "MRV" si hablamos de volumen de entrenamiento).

¿Conoces la historia del Rey Mitrídates y su miedo a morir envenenado?

ste monarca fue una continua molestia para la República y, de hecho, los historiadores de la época le atribuyeron todo tipo de barbaridades.

Pero, consecuentemente, también se puso precio a su cabeza y Mitrídates pasó gran parte de su vida obsesionado con la posibilidad de sufrir un atentado, por lo que siempre iba custodiado.

Sin embargo, parece ser que con lo que tenía verdadera fijación era con la idea de que le envenenaran ya que su padre había perecido así. De ahí que se dedicara a estudiar todos los secretos de la toxicología, experimentando venenos y pócimas con los prisioneros de sus cárceles. La leyenda, apoyada en relatos de Plinio el Joven y Dión Casio, cuentan que por fin dio con lo que buscaba: un antídoto universal que, ingerido en minúsculas pero periódicas dosis, servía para inmunizarle contra cualquier ponzoña.

Y es que esta primera dosis es la mínima necesaria para la mejora. Es decir, si simplemente quieres ser un poco mejor cada vez a largo plazo, vale con ella. Pero si quieres ser lo mejor que puedes llegar a ser lo antes posible (como un atleta de élite o un empresario de referencia), más te vale salir de tu zona de confort tanto como puedas.

Como diría Paracelso, en la dosis está el veneno.

> *"El que siempre se protege del viento, cuyos pies están constantemente calientes y cuyas habitaciones permanecen aisladas del frío, peligrará al enfrentarse a la mínima brisa. Todos los excesos son malos, pero ninguno peor que el exceso de comodidad. Afecta al cerebro. Hace a los hombres perder la visión de la realidad y se vuelve nebulosa la separación entre lo verdadero y lo falso."*
>
> Séneca

CAMBIA ANTES
DE QUE TUS
CIRCUNSTANCIAS
TE HAGAN
CAMBIAR

NI LOS BUENOS SON TAN BUENOS, NI LOS MALOS SON TAN MALOS

Uso vs. abuso

Hiperhidratación – Muerte por beber agua. En condiciones normales, una persona sana en la que la hipófisis, los riñones y el corazón funcionan sin problemas, puede beber hasta 7 litros de agua al día, a razón de 1,5 litros (máximo) por hora. La hiperhidratación también se conoce como intoxicación por agua.

Se pueden producir edemas cerebrales irreversibles, comas, o incluso morir por sobrepresión del cerebro al bulbo raquídeo, ya que el cerebro y sus anexos son los que más se ven afectados.

Diez almendras amargas matarían a un niño. Las almendras amargas contienen un compuesto llamado amigdalina que, al mezclarse con el agua de la saliva, se descompone en tres sustancias: glucosa, o sea, azúcar; benzaldehído, que es lo que da el sabor amargo a la almendra, y ácido cianhídrico o cianuro de hidrógeno, un veneno que inhibe la respiración celular.

Hemos visto que algo muy cotidiano como el agua o los frutos secos en ciertas dosis pueden llegar a ser tóxicas o incluso mortales, pero puede pasar lo contrario y que ciertas sustancias que hoy en día se consideran nocivas o tóxicas puedan servir para mejorar la salud de las personas. He aquí un tema controvertido.

Esteroides

En una de las entrevistas de EmotionMe, el Doctor en química y competidor de culturismo David Olid nos comentaba que muchos de los problemas del uso de fármacos y esteroides están más relacionados con el abuso de estas sustancias y la mala calidad de su procedencia debido a la prohibición. Y, que, como ayuda médica y endocrina sirven para mejorar la salud de ciertas personas. Albert Naugle, atleta de CrossFit de origen norteamericano, nos cuenta que en California cada vez son más frecuentes la TRT (terapia de sustitución de testosterona) y que, pese a que no todos los bolsillos por el momento pueden hacerse cargo, las personas más pudientes de la costa oeste americana ya disponen de clínicas de rejuvenecimiento celular.

Cuando sabemos con evidencia científica que en países como EEUU las terapias de remplazo de testosterona están siendo incluso subvencionadas por el Estado (En un país donde el 52% del gasto sanitario es privado, llama bastante la atención). Además, tenemos certeza que muchos actores, como *Arnold Schwarzenegger, Sylvester Stallone, Dwayne Johnson,* y una lista mucho más larga son consumidores de fármacos y sustancias para mejorar el rendimiento.

¿Qué es la testosterona?

La influencia de la testosterona en los hombres

La testosterona es una hormona que se produce principalmente en los testículos. La testosterona ayuda a mantener diferentes funciones en el hombre, como:

- Densidad ósea.
- Distribución de la grasa.
- Fuerza y masa muscular.
- Vello corporal y facial.
- Producción de glóbulos rojos.
- Deseo sexual.
- *Producción de esperma.*

Por si fuera poco, muchos atletas de alto rendimiento consumen estas sustancias y el mayor problema que tienen en su consumo (evidentemente médicamente controlado) es que la prensa y los medios hagan eco de su uso como dopaje y mejora de su rendimiento por haberlos consumido en una dosis mayor a lo legalmente permitido (En algunos casos, cuando las Asociaciones o Federaciones no encuentran evidencia del uso de estos fármacos, son ellos mismos los que confiesan su uso. *Lance Armstrong,* 7 veces campeón del tour de Francia, aun habiéndolos usado durante décadas, dio negativo en todos los test antidoping a los que se sometió durante su carrera.)

Curiosamente, no es sólo el caso de los esteroides. Sabemos que muchas sustancias e incluso drogas duras y alucinógenas se usan con mayor frecuencia de lo que el gran público se atreve a pensar. Muchas veces debido a que el gran público se guía por los informativos de actualidad y los medios de información.

Si preguntas a autores de grandes éxitos, productores musicales, directores de cine y escritores, no es poco común el uso de drogas, como la marihuana, durante su fase de creatividad.

> *"Discórides describe el opio como algo que quita el dolor, mitiga la tos, refrena los flujos estomacales y se aplica a quienes dormir no pueden. Por él y otros muchos escritores romanos sabemos también que la demanda de esta droga excedía la oferta, siendo frecuente su adulteración."*
>
> MATERIA MÉDICA

En la antigua Roma los emperadores consumían drogas. De hecho, siguiendo recomendaciones de Galeno, su médico, **Marco Aurelio** empezaba el día con una porción de opio "grande como un haba de Egipto y desleído en vino tibio". Prácticamente todos sus antecesores en el trono del Imperio usaban a diario triacas. **Trajano, Nerva, Adriano, Séptimo Severo** emplearon opio puro en terapia agónica y como eutanásico. Lo mismo hicieron incontables ciudadanos romanos, patricios y plebeyos, pues eso se consideraba una prueba de grandeza moral.

Sigmund Freud, el médico neurólogo más famoso de la historia y una de las figuras del siglo xx. El padre del psicoanálisis fue consumidor habitual de cocaína, era habitual que fuese invitado a reuniones y fiestas en las que Freud esnifaba cocaína para interactuar de manera más activa.

El psicoanalista consideraba la droga como una especia de medicina alternativa para muchas enfermedades. De hecho, intentó extraer propiedades terapéuticas para ayudar a amigos suyos adictos a la morfina. Y es que autoexperimentar con drogas era algo frecuente en la época. En 1884, publicó un ensayo médico denominado *"Über Coca"*, donde contaba los efectos fisiológicos que experimentaba con su consumo.

Químicos como el LSD y otras sustancias alucinógenas como algunos tipos de setas son usados con frecuencia por muchos artistas y escritores para la mejora de su creatividad.

Stephen King, autor de best-sellers del Terror como *Carrie, Misery* o *El Resplandor*, "era multitoxicómano".

> "Tengo una novela, llamada «Cujo», que no recuerdo haber escrito" "Misery es un libro sobre la cocaína. Annie Wilkes es cocaína".

Éstas son algunas de las citas que representan mejor la etapa en la que muchas de sus joyas literarias tuvieron un apoyo basado en las drogas. Eso no quita que se le fuera de las manos y, consciente del exceso al que se exponía cada día, King ponía punto y final a la cocaína y demás drogas, al solicitar ayuda a profesionales.

El LSD en sus inicios se ha usado en Psiquiatría como tratamiento. La CIA lo ha usado (y quien sabe si lo usa todavía). En la Universidad de Harvard, **Timothy Leary,** alentado por el poeta beat **Allen Ginsberg,** se lo daba a artistas y escritores.

De hecho, **como apunta Antonio Escohotado,** hasta principios del siglo xx era raro ver yonkis en una época en la que se podía comprar heroína en las farmacias sin receta. Es justamente cuando llega la prohibición, cuando empiezan a surgir problemas de sobreuso y dependencia. Como explica este autor, la prohibición, en última instancia, aumenta la demanda de estas sustancias (haciéndolas más atractivas de consumir) a pesar de hacerlas más caras y de peor calidad, ya que acaban siendo proveídas por criminales.

Por ejemplo, en Holanda tras tolerar el consumo de marihuana, ha caído la demanda. En 1995 había 350 coffee shops en Amsterdam. En 2018 había la mitad. Y el país presentaba en 2008 tasas de personas que habían probado el cannabis más de la mitad inferiores a países como EEUU o Nueva Zelanda (20% *vs.* 42%)

Aldous Huxley, exponente del pensamiento moderno, se inició en el consumo de drogas psicódelicas. Solía consumir LSD, psilocibina o mescalina, las cuales le inspiraron para escribir ensayos como 'Drogas que moldean la mente de los hombres'.

Jean Paul Sartre era adicto al tabaco, café y alcohol, pero la droga que más marcó su vida fueron las anfetaminas, las cuales consumió durante veinte años, coincidiendo además con su etapa literaria más prolífica.

Como seres humanos, necesitamos sentir que tenemos el control de lo que nos rodea para sentirnos seguros, y eso ha llevado a dogmatizar, restringir y muchas veces prohibir el uso de todas o muchas de estas sustancias.

Al igual que se prohibió la venta y el consumo de bebidas alcohólicas en la falsamente perfecta América de los años 20 (fomentando con ello su consumo en la clandestinidad y la aparición del crimen organizado y figuras como **Al-Capone**).

> *"Lo que mata es la guerra contra la droga, no la droga. En EEUU apenas hay 1.000 muertes cada año por drogadicción, pero en América Latina cientos de miles mueren por la cruzada contra los narcóticos".*

Antes de comenzar a juzgar el uso de cualquier sustancia, sean legales o ilegales, o consideradas como drogas o fármacos, vale la pena recordar que a principios del siglo XXI sustancias como la cafeína estaban prohibidas por la WADA* por considerarse un estimulante y fácilmente podías estar sancionado por dopaje por algo que hoy en día tras años de investigaciones y diversos estudios se ha comprobado que tiene beneficios no sólo a nivel de rendimiento deportivo, sino a nivel de rendimiento cognitivo.

---

* *World Anti-Doping Agency* o Agencia Antidoping Mundial.

Mi opinión sobre estas sustancias es que hoy en día hay demasiada desinformación y, personas que no las han probado ni tienen conocimiento sobe ellas, opinan más que los que sí que saben. Hasta hace poco las barritas y los batidos de proteínas, los aminoácidos, las bebidas energéticas, el magnesio o la creatina eran vistos como drogas por muchas de nuestras madres (casualmente las personas que menos información tienen suelen ser las que más opinan). Justamente ese desconocimiento y los sesgos de confirmación y autoridad, sumado a preguntar a médicos que no están actualizados, son muchas veces los criterios "fiables" que usan la mayoría de las personas, como "eso es malo, es todo química".

Y es cierto, todo esto es química, ¿pero es la química mala?

¿Qué son los aminoácidos? Principalmente, son moléculas que forman las proteínas. En total existen 20 aminoácidos diferentes. Se dividen en esenciales y no esenciales. Los esenciales son los aminoácidos que hay que ingerir desde la alimentación puesto que nuestro organismo no los fabrica. Los no esenciales los sintetiza nuestro propio organismo, aunque también se pueden encontrar en los alimentos.

La creatina es un compuesto formado por tres aminoácidos: glicina (aminoácido no esencial), arginina (aminoácido semi esencial) y metionina (aminoácido esencial). Para sintetizarlos, nuestro organismo emplea las enzimas glicina amidinotransferasa, metiltransferasa guanidinoacetato y metionina adenosiltransferasa L-arginina.

Extraído de la web de Alimentología.

La creatina no es química de laboratorio. Aun así, todavía hoy hay profesionales sanitarios advirtiendo al paciente que la creatina es peligrosa. No cabe duda de que estos profesionales no se han informado sobre ello antes de opinar.

La creatina se encuentra en alimentos como la carne o el pescado. Aproximadamente, por cada kilogramo de carne, hay 5 gramos de creatina.

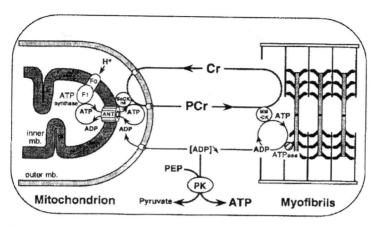

Extraído de la web de Alimentología.

La creatina se produce en nuestro cuerpo, en una cantidad de aproximadamente 1 gramo diario. La creatina regenera ATP (adenosín trifosfato) en la mitocondria y así proporciona energía a las células musculares. La síntesis de creatina se produce en el hígado, los riñones, y, en menor medida, en el páncreas. Sobre el 90% de los organismos de reserva de creatina se encuentra en el músculo esquelético y el 10% restante se distribuye en el cerebro, hígado, riñones y testículos. Un joven adulto de 75kg podrá contener de manera endógena unos 130 gramos de creatina en su cuerpo. **¿Pero no era pura química?**

La creatina al igual que anteriormente la cafeína, o incluso el entrenamiento de fuerza, también ha estado demonizada por la ignorancia y la falta de información que todavía existe por gran parte de la población. Desde aquí animamos a no criticar desde el desconocimiento o de manera sesgada ya que es probable que estemos impidiendo el desarrollo e investigación de ciertas sustancias que en un futuro ayuden a alargar y mejorar la calidad de vida de las personas, y cortando a muchas personas a hablar de su uso públicamente.

La hormesis no se encuentra sólo en toxicología o química, podemos encontrar hormesis en muchísimos otros ambientes. Por ejemplo, durante el entrenamiento sufrimos roturas musculares o impactos óseos que con la adecuada progresión son las que van a determinar nuestra mejora.

De hecho, un músculo más fuerte es un músculo con menor probabilidad lesionarse. El entrenamiento de fuerza ha estado demonizado durante muchos años y se ha asociado con regularidad a culturistas, strongmans forzudos, incluso a la chica 'hulk'.

Por suerte, la ciencia avanza y los medios de divulgación también, por lo que hoy sabemos (y con evidencias claras) que el entrenamiento de fuerza no solo ayuda a mejorar la cantidad de muscular, sino que también mejora nuestro sistema nervioso y endocrino debido a la conexión que hay entre todas las fibras de nuestro cuerpo. Además, el entrenamiento de fuerza no tiene por qué ser con cargas externas, dado que cuando realizamos un sprint, o cuando una persona se levanta de una silla, se está entrenando la fuerza.

> De hecho, este entrenamiento ha demostrado ser superior a otros métodos de prevención de lesiones *(Laurssen et al., 2013)*.

Es el miedo a lo desconocido y los sesgos cognitivos del ser humano los que condicionan los prejuicios hacia la hormesis, que desarrollaremos en el capítulo.

LA FÓRMULA DE DANCOFF
(Asegúrate de que tus errores no te destruyan)

También conocida como el principio del valor máximo de error:

El desarrollo óptimo tiene lugar cuando un organismo comete el máximo número de errores consistentes con relación a la supervivencia. En otras palabras, cuantos más errores cometa uno, más cerca estará de su mejor individualidad posible... siempre y cuando los errores no lo destruyan.

Por tanto, parecería que no hay que evitar errores no fatales. De hecho, las personas que quieren desarrollar su máximo potencial tendrían en realidad que cometerlos (si no saben evitarlos aún).

La fórmula no promete, no está de más decirlo, que los errores sean indoloros. No dice que no nos constarán dinero, ni tampoco que podremos dormir plácidamente por las noches. Sin embargo, dice que si lo seguimos intentando mejoraremos tarde o temprano.

Esto es absolutamente cierto en el plano biológico (hormesis), pero es probable que también sea válido a nivel emocional e incluso espiritualmente. Por lo menos eso diría un maestro del liderazgo, porque los maestros del liderazgo han cometido muchos errores en su vida. Cometen errores porque como los líderes, aceptar el riesgo es un requisito básico para triunfar, no sólo para obtener ganancias materiales o financieras, sino para crecer como líder y como ser humanos.

Hoy, Bill Dower es uno de los más admirados americanos que conocemos.

Bill Dower, de la Marina de USA

S*e alistó en los años 40 con la aspiración de ir ascendiendo y demostrar su patriotismo. Pero en aquella época, la mayoría de los instructores de la Marina no escondían su desacuerdo con que hubiera negros en el ejército. Decir que los reclutas negros recibían malos tratos es quedarse cortos. Dower y otros dos marines planearon quitarle la vida a un instructor que les había hecho la vida imposible. En la noche prevista al asesinato, uno de los acompañantes hizo algo que cambió sus vidas para siempre. Les insto a ver la situación de modo diferente. "Si matamos a este hombre arruinaremos nuestras vidas para siempre y ellos habrán ganado. Todo lo que dijeron de nosotros será verdad; que no podemos con ello, que somos débiles. Es la última oportunidad de demostrar que se equivocan". En vez de hacer méritos para ser perseguidos, los reclutas idearon una estrategia para vencer la situación. A partir de entonces todo lo que les echaban encima no sólo lo aceptaban, sino que incluso pedían más.*

Lo superaron todo. Idearon un lema

"HAGÁMOSLO".
Correr 10 millas más.
"HAGÁMOSLO".
100 flexiones más.
"HAGÁMOSLO".

Cualquier cosa que nos obliguen nos hará más fuerte, por tanto ¡Hagámoslo!. Todos ellos llegaron a ser más fuertes. Unas décadas después, Bill Dower no solo llegó a Sargento instructor, sino que le nombraron Sargento Jefe de Instructores y superior de todos los instructores de la Marina de USA.

Bill Dower y sus camaradas fueron capaces de convencerse a sí mismos de que lo que parecía una situación imposible era en realidad una oportunidad para llegar a ser más de lo que todos pensaban que eran capaces de ser.

Reflexiona sobre la historia anterior, es un claro ejemplo de gestión del estrés.

NO QUIERES UNA VIDA FÁCIL

¿Qué habría sido de Heracles si no hubiesen existido el león y la hidra y la cierva y el jabalí y unos cuantos hombres malvados y salvajes a los que aquel expulsó y limpió del mundo?

¿No es verdad que se habría dedicado a dormir bien arropado?

EPICTETO

Si conoces la imagen a la que se asocia al "filósofo Zen" sabrás que suele ser un monje en un verde prado, colinas tranquilas o un bonito templo en un lugar tranquilo.

El estoicismo es la antítesis de esta idea. En su lugar, ellos son; el hombre en el mercado, el senador en el Forum, la brava esposa esperando a su soldado de la batalla, el ocupado escultor en su estudio.

Hoy aún, el estoico es símbolo de paz.

¿Qué eres ante la adversidad?

Una hija se quejaba con su padre acerca de la vida. No sabía cómo seguir adelante y, cansada de luchar, estaba a punto de darse por vencida. Parecía que cuando solucionaba un problema aparecía otro.

El padre, un reconocido chef, la llevó a la cocina. Llenó 3 ollas con agua y las puso sobre fuego fuerte. Cuando el líquido estaba hirviendo, echó zanahorias en la primera, huevos en la segunda y granos de café en la tercera.

La hija esperó con impaciencia, preguntándose qué estaría haciendo su padre. A los 20 minutos paró el fuego, puso las zanahorias en un recipiente a los huevos en otro, coló el café y lo puso en una jarra.

—Querida. ¿Qué ves?

—Zanahorias, huevos, y café —respondió.

Le pidió que tocara las zanahorias: estaban blandas.

Que rompiera el huevo: estaba duro.

Por último, que probará el café. Ella sonrió mientras disfrutaba el aroma de la bebida. Humildemente la joven preguntó:

—¿Qué significa esto, papa?

—Estos 3 elementos, se han enfrentado a la misma adversidad, el agua ardiendo y cada uno ha reaccionado de forma diferente.

La zanahoria fuerte y dura se tornó blanda y fácil de deshacer.

El huevo, cuya frágil cáscara protegía su interior, se acabó endureciendo. Los granos de café transformaron al agua convirtiéndola en una rica bebida.

¿Qué eres tú? Preguntó el cocinero a su hija. Cuando la adversidad llama a tu puerta, ¿eres zanahoria, huevo o grano de café?

"LA VIDA NO TRATA DE ESPERAR A QUE PASE LA TORMENTA SI NO DE APRENDER A BAILAR BAJO LA LLUVIA"

Epíceto, recuerda que tu serenidad y estabilidad son resultados de tus elecciones y juicios, no de tus circunstancias.

Si buscas evitar molestias o alborotos por tranquilidad, difícilmente tendrás éxito; agentes externos, eventos, estrés. Tus problemas te seguirán donde quiera que vayas o intentes esconderte.

Aprende a ser la persona que controla el estrés y no necesitarás prados verdes o bonitas circunstancias para estar en paz.

¿Buscas que todo te vaya bien o has aprendido a bailar bajo la lluvia?

Te invito a verlo de otra manera, Bruce Lee, famoso atleta de artes marciales, fue uno de los mejores filósofos del siglo xx y tiene frases que a nivel personal me han llegado, como "No pidas una vida fácil, pide el carácter para soportar una difícil".

> *"La vida no debería ser un recorrido hacia la tumba con la intención de llegar sanos y salvos dentro de un cuerpo bonito y bien conservado, sino más bien un derrape lateral dentro de una nube de humo que nos deje absolutamente consumidos, totalmente exhaustos y proclamando a gritos —¡Caray! Menudo viaje—".*
>
> HUNTER S. THOMPSON

LA SUERTE DE LA FEA, LA GUAPA, LA DESEA

Como seres humanos hay algo que nos cuesta aceptar, y es que o somos mediocres ahora, o hemos sido mediocres en algún momento de nuestra vida. De hecho, es muy probable que si no pensamos de esta manera, debamos de volver a ajustarnos el enfoque sobre nosotros mismos.

SI ERES
EL MÁS LISTO DE LA HABITACIÓN,
ESTÁS EN LA HABITACIÓN
EQUIVOCADA

El problema está en que engañarnos o creernos que somos mejores de lo que somos en realidad es demasiado fácil hoy en día. Gracias al nuevo mundo digital y las redes sociales, recibimos feedback demasiadas veces de manera automática y por compromiso: "es mi amigo", "no quiero que piense que no me gustan sus fotos" o peor aún "quiero que me lo devuelva". El problema es que el mundo está cambiando y muchas veces es difícil interpretar hacia dónde.

Una cosa curiosa es que, a determinadas edades, sobre todo en la adolescencia, este tipo de situaciones no pasa con tanta facilidad. En ellas, la gente más popular con diferencia recibe más atenciones que la gente menos popular que muchas veces es tratada como gente del montón y en algunos casos como freaks.

Lo peor que le puede pasar a un hombre es que apunte demasiado bajo y tenga éxito.

Michelangelo Buonarroti

Te invito a recordar a tus compañeros y compañeras de instituto. Muchos de los que en un momento tenían éxito al conseguir al chico o la chica de sus sueños por entonces, hoy por hoy se han dado cuenta que *ese éxito tal vez fuera un techo que impidiera seguir con una ambición personal* distinta a la vida familiar temprana que muchos comenzaron cuando realmente no se habían parado a pensarlo.

La trampa del amor azucarado está genial cuando la vemos en las películas, pero no tener claro nuestro propósito de vida o, peor, creer que el propósito es compartir la vida con una persona y comprar una casa es muchas veces ser víctima de ciertas creencias limitantes transmitidas por el capitalismo mal entendido (consumismo), Hollywood y Disney, entre otros (*No quieres una relación,* Capítulo 5).

Todo esto genera dos situaciones:

1. De cara a las relaciones personales, la gente más guapa y popular no tiene que esforzarse tanto como la gente considerada del montón (a la cual pertenezco según mi madre), lo que conlleva a desentenderse de un concepto determinante en la mejora personal, como es la meritocracia.

2. Otra cosa curiosa que podemos observar en la segunda década del nuevo siglo es una diferencia del feedback que reciben hombres y mujeres por redes sociales. He comprobado con decenas de compañeros amigos y clientes de distinto sexo como una foto con mensajes y hashtags similares tienen respuestas muy distintas, y como en el caso de las mujeres la interacción de mensajes privados llegaba de promedio a ser entre tres o cuatro veces superior a la de los hombres.

Esto produce que, mientras que un hombre pueda desarrollar la necesidad de mejorar para entrar en competencia de mercado como motivación extrínseca y, como las mujeres al recibir una respuesta mucho mayor, no sientan esa necesidad extrínseca, por lo que esta se desarrollará de manera intrínseca por motivaciones de desarrollo personal o de manera extrínseca por rupturas sentimentales.

Esto encaja perfectamente con recientes estudios sobre la práctica deportiva entre hombres y mujeres en los últimos años

En un artículo científico llamado 'Evolutionary Behavioral Sciences', los psicólogos e investigadores Robert O. Deaner, Shea M. Balish y Michael P. Lombardo recogen varias encuestas que apuntan en esa dirección: ellos duplican la presencia de las mujeres en actividades deportivas, superándolas tanto en frecuencia como en duración, un hecho que se percibe en todas las grandes sociedades contemporáneas.

Una encuesta del Instituto DKV buscó averiguar las causas preguntándoselo a ellas. En la encuesta participaron 3.000 mujeres. De las que no practicaban deporte, la mayoría aseguró que era por falta de motivación o de tiempo. Solo una minoría admitió que le vencía la pereza o la poca fuerza de voluntad.

DALE A UNA PERSONA DÉBIL,
BUENA COMIDA, SEXO ABUNDANTE
Y ENTRETENIMIENTO BARATO,
Y ACABARÁS CON SU AMBICIÓN

Estos motivos encajan porque, a diferencia de muchos hombres, las mujeres por lo general suelen recibir muchos más estímulos y atenciones que sus compañeros.

Para la mayoría de la población esto podría parecer algo positivo: menos esfuerzo y más atención. Pero en un mundo donde no mejorar significa empeorar y generar problemas de salud e infelicidad, puede ser un problema mucho más grande de lo que pueda aparecer en una encuesta. De hecho, se suele decir algo así como.

QUIEN NO CORRE DE JOVEN, CORRE DE VIEJO

La Ley de la Retrocesión

El deseo de una experiencia más positiva es, en sí misma, una experiencia negativa. Y paradójicamente, la aceptación de una experiencia negativa es, sí misma, una experiencia positiva.

El filósofo Alan Watts se refería a esto como "La Ley de la Retrocesión". Cuanto más persigas sentirte bien todo el tiempo, más insatisfecho estarás.

Seguro que muchas veces no puedes evitar sentirte como el caballo de delante, cargas con lo que te toca y a veces con lo de los demás, piensas que la vida no es justa, y sabes que no lo es, no obstante.

> *"Lo que está mal, está mal, aunque lo haga todo el mundo, y lo que está bien, está bien, aunque no lo haga nadie".*

Si haces lo difícil,
tu vida será más fácil,
pero no al revés

Dos caballos llevaban dos cargas. El caballo que iba delante iba bien, pero el caballo que iba detrás era vago. Los hombres empezaron a colocar la carga del caballo detrás sobre el caballo de delante; cuando habían pasado todo de un caballo a otro, el caballo detrás se sintió aliviado y le dijo al caballo delante: "¡Trabaja duro y suda! Cuanto más te esfuerzas, más tienes que sufrir".

Cuando llegaron a la taberna, el dueño dijo: "por qué tengo que alimentar a dos caballos cuando puedo llevar todo con uno solo.

Mejor le doy a uno toda la comida que quiera y le corto el cuello al otro, así al menos tendré la piel y la carne" Y así lo hizo.

Fábulas, León Tolstoi
(1828-1910)

DI MÁS VECES "ME LA SUDA"

¿Te afectan las críticas?

Una persona que vive poco asustada y que reacciona en mucha menor medida a provocaciones y ofensas, sin tener por ello que perder su firmeza, es alguien que está en condiciones de transformar por completo cualquier entorno en el que se encuentre. Esta es una de las capacidades que acompañan al auténtico liderazgo, basado en el poder interior y no en la fuerza bruta.

> "En la Roma de la antigüedad, Catón, a quien Séneca consideraba un perfecto estoico, practicaba la máxima de Epicteto, llevando túnicas más oscuras de lo normal, sin llevar la toga puesta. Esperaba que lo ridiculizaran, y así era. Lo hacía como entrenamiento para avergonzarse sólo de las cosas que realmente lo merecían.
>
> Para hacer algo realmente interesante debes ser capaz de tolerar las críticas, incluso disfrutar con ellas."

Los romanos desarrollaban la antifragilidad de la que habla Nassim Taleb mediante el Estoicismo.

Pero si hay una persona exponente en el arte del "me la suda" fue Diógenes de Sinope, perteneciente a la escuela cínica de Antístenes, uno de los discípulos de Sócrates. Diógenes se hizo famoso por su ironía y su pobreza.

"Pasó un ministro del emperador llamado Aristipo viendo a Diógenes comiendo lentejas y le dijo a Diógenes: «¡Ay, Diógenes! Si aprendieras a ser más sumiso y a adular más al emperador, no tendrías que comer tantas lentejas».

Diógenes contestó: «Si tú aprendieras a comer lentejas, no tendrías que ser sumiso y adular tanto al emperador»."

Dicen que Diógenes iba por las calles de Atenas vestido con harapos y durmiendo dentro de una tinaja en los zaguanes.

Cuentan que, una mañana, cuando Diógenes estaba amodorrado todavía en el zaguán de la casa donde había pasado la noche, pasó por aquel lugar un acaudalado terrateniente.

—Buenos días —dijo el caballero.

—Buenos días —dijo Diógenes.

—He tenido una semana muy buena, así que he venido a darte esta bolsa de monedas.

Diógenes lo miro en silencio, sin hacer un movimiento.

—Tómalas. No hay trampa. Son mías y te las doy a ti, que sé que las necesitas más que yo.

—¿Tú tienes más? —preguntó Diógenes.

—Claro que sí —contestó el rico—, muchas más.

—¿Y no te gustaría tener más de las que tienes?

—Si, por supuesto que me gustaría.

—Entonces guárdate estas monedas, tú las necesitas más que yo.

Las únicas pertenencias de Diógenes eran un manto para taparse, un bastón y un cuenco que tiene su propia historia.

"Se cuenta que una vez Diógenes se detuvo a observar a un niño que recogió agua con sus manos y la bebió. El filósofo tenía muy pocas pertenencias, entre ellas un cuenco. Pero al ver al pequeño dijo: «Un niño me superó en sencillez» y tiró el cuenco.

En otra oportunidad, observó que otro niño tomaba su comida sobre una hoja. Eran lentejas y él usaba el pan, a modo de cuchara, para llevárselas a la boca. Imitándolo, Diógenes abandonó su escudilla y desde entonces comió de esa manera."

Uno de sus discípulos, Hecatón, dejó por escrito una de las frases de Diógenes, el cínico, que, al parecer, pronunciaba con más frecuencia. Ésta dice:

"*Es preferible la compañía de los cuervos a la de los aduladores, pues aquellos devoran a los muertos y estos a los vivos.*"

Si algo detestaba este filósofo era a los aduladores. Se hizo famoso por este episodio:

> "Una persona muy rica escuchó muchas de las frases de Diógenes y sintió curiosidad por conocer a Diógenes, por lo que le invitó a su casa, este tenía fama de hacer sus necesidades en público, se le advirtió que no escupiera en la casa, a lo que Diógenes respondió con una flema en la cara del dueño, este se enfadó y le preguntó que por qué lo hizo. Diógenes le respondió que porque no fue posible encontrar un lugar más sucio en toda la casa".

Tiempo después se hizo famoso entre los filósofos Platón. Una vez, Platón lo invito a un barco y, en el mar, unos piratas los atraparon, por lo que muchos de los hombres serían vendidos como esclavos. Platón estaba aterrorizado. Cuando fue el turno de Diógenes, la persona que mandaba la subasta le preguntó: "¿y tú qué sabes hacer?" A lo que este respondió: "yo sé mandar. Pregunta si alguien necesita un amo". Fue comprado por Jeníades de Corinto, quien le devolvió la libertad y lo convirtió en tutor de sus dos hijos. Pasó el resto de su vida en Corinto, donde se dedicó enteramente a predicar las doctrinas de la virtud del autocontrol.

> *"Practica el autocontrol. No caigas en el influjo del mal carácter, el placer o el dolor. Aborrece a los aduladores tanto como a los estafadores, porque los dos, cuando se ganan nuestra confianza, lastiman a quienes se fían de ellos."*
>
> ISÓCRATES

Con el tiempo Diógenes se hizo muy reconocido e incluso el emperador quiso saber de él.

"Buscó el mismísimo Alejandro Magno a Diógenes, de enorme fama, del cual se reían por su rechazo a vida material alguna. Cuando le encontró desnudo y tumbado a orillas de un río.

Alejandro acompañado de su escolta y de muchos hombres más. Alejandro Magno se puso frente a él y dijo: «Soy Alejandro», a lo que respondió Diógenes: «Y yo Diógenes el perro». Hubo murmullos de asombro ante la sorprendente respuesta del sabio, pues nadie se atrevía a hablar así al rey. Alejandro preguntó: «¿Por qué te llaman Diógenes el perro?», a lo que le respondió Diógenes: «Porque alabo a los que me dan, ladro a los que no me dan y a los malos les muerdo».

De nuevo, más murmullos, pero Alejandro no se dejó inmutar por esas respuestas y le dijo: «Pídeme lo que quieras», por lo que, sin inmutarse Diógenes, le contestó: «Quítate de donde estás, que me tapas el sol».

Se hizo una exclamación generalizada de todos los presentes ante una petición tan pobre a un hombre que todo lo podía dar. Alejandro, sorprendido, le preguntó: «¿No me temes?», a lo que Diógenes le contestó con gran aplomo con otra pregunta: «Gran Alejandro, ¿te consideras un buen o un mal hombre?», a lo que Alejandro le respondió: «Me considero un buen hombre», por lo que Diógenes le dijo: «Entonces... ¿por qué habría de temerte?». Toda la gente se escandalizó.

Aquellos que iban con Alejandro Magno empezaron a reírse de Diógenes y a decirle que cómo no se daba cuenta de quién estaba delante de él. Alejandro hizo acallar las voces burlonas cuando dijo que «si no fuera Alejandro quisiera ser Diógenes»".

ANTE LA DUDA
ACTÚA PARA NO FALLARTE
A TI MISMO

"Durante meses vi pasar ejércitos" dijo Diógenes. Alejandro dijo que iba a la India a conquistar el mundo y después por fin descansaría, a lo que Diógenes respondió "Estás loco. Si realmente quieres descansar, descansa. Yo no he conquistado el mundo, no veo que necesidad hay de hacerlo, y puedo descansar. Es más, si al final quieres descansar, ¿por qué no lo haces ahora? Si no descansas ahora, nunca descansarás."

"CUANTO MÁS
ME IMPORTAN
LAS PEQUEÑAS COSAS,
MÁS ME LA SUDA TODO"

Pasaron los años Alejandro volvió a Atenas, y buscó nuevamente a Diógenes. Mirando éste una pila de huesos, Alejandro le preguntó que qué estaba haciendo, a lo cual éste respondió que no podía distinguir los huesos de su padre de los huesos de un esclavo.

Diógenes vivió bajo la filosofía de, deseo poco, y lo que deseo, lo deseo poco, es una filosofía con bases parecidas al control del apego del camino óctuple del budismo, donde reside el control del deseo que mueve a todos los seres humanos (Capítulo 7).

Por otro lado, tenemos el caso de Michael Jackson, el cual vivía preocupado de gustar a los demás y caer bien, hiciera lo que hiciera no tenía gente que le criticara, podía blanquearse la piel, y sus amigos y gente cercana le bailaban el agua, podía hacerse una operación de estética y le felicitaban por el resultado, por eso es muy importante además de todo lo anterior, valorar a las personas que tenemos cerca y su criterio porque directamente pueden afectar en el nuestro.

> *"La sabiduría sirve de freno a la juventud, de consuelo a los viejos, de riqueza a los pobres y de adorno a los ricos."*

> DIÓGENES, EL CÍNICO

CAPÍTULO 2

No quieres ser feliz

¿Te gustaría ser feliz siempre, o consideras que es importante tener malos momentos?

"La felicidad empieza dentro". El dinero, el nivel social, la cirugía plástica, casas bonitas, puestos poderosos... ninguna de estas cosas nos proporcionará felicidad. La felicidad duradera proviene sólo de la serotonina, la dopamina y la oxitocina.

En 1932 se publicó una novela llamada "Un mundo feliz", durante la Gran Depresión americana, Aldous Huxley desarrollo una idea donde la felicidad era el bien supremo y las drogas psiquiátricas sustituían a la policía y al voto como base en la sociedad. Diariamente, cada persona toma una dosis de "soma", una droga sintética que hace a la gente feliz sin afectar a su productividad y eficiencia. El Estado Mundial que gobierna todo el planeta no se ve amenazado por guerras, revoluciones, huelgas o manifestaciones, porque toda la gente está sumamente contenta con sus condiciones actuales sean las que fueren. La visión del futuro de Huxley es mucho más preocupante que la de George Orwell en 1984. El mundo de Huxley les parece monstruoso a muchos lectores, pero es difícil explicar por qué. Todos están siempre felices.

¿Qué puede haber de malo en ello? ¿Querrías ser feliz así?

Para responder, deberíamos contextualizar qué es ser feliz.

¿Qué es ser feliz?

Hace unos meses durante una conferencia en un instituto uno de los asistentes me hizo esta pregunta. La respuesta puede sonar tan sencilla como complicada. "¿Qué es el calor?". Para las personas cerca del Ecuador, calor será a partir de 40 grados debido al clima al que están acostumbrados. En cambio, una persona que viva durante casi todo el año en Siberia disfrutará del calor con bastantes grados menos. Al final, cuando eres capaz de abrir tu perspectiva y entender que todo depende de tus vivencias y tus decisiones, entiendes que ser feliz va mucho más allá de un estado de ánimo, sino de querer ser feliz.

SER FELIZ ES EL PROBLEMA

Ser felices es uno de los problemas más grandes que tenemos como seres humanos.

Te han hecho creer que necesitas ser feliz, te han hecho creer que ser feliz es el propósito en tu vida, y siento decir-

En una reunión todos los dioses decidieron crear al hombre a su imagen y semejanza. *Estaban concentrados cuando uno de ellos les interrumpió: "No podemos hacerlos idénticos a nosotros puesto que, si tienen nuestra inteligencia y fuerza, ¿en que se diferenciarán los humanos de los dioses? Tenemos que privarles de algo". Tras cavilar un buen rato, uno de ellos dijo: "Vamos a quitarles la felicidad, aunque no sé bien donde la esconderemos". El primero en hablar propuso que la ocultasen en el monte más alto, pero uno de ellos advirtió "Recordad que les dotamos de Fuerza, y tal vez alguien pudiera ascender a la cumbre y encontrarla". Otro de ellos propuso que en ese caso lo mejor sería ocultarla en lo más profundo del Océano. Sin embargo, pronto advirtieron que no sería seguro puesto que con su inteligencia acabarían llegando también allí.*

Tras un largo silencio, uno de los dioses creyó tener la solución, ante el asombro de todos los presentes dijo, "la esconderemos dentro de ellos, estarán tan ocupados buscándola fuera que no la encontrarán. Y así ha sido, el hombre se pasa buscando la felicidad sin saber que la lleva consigo.

te, si es lo que crees, que no. No has venido a la vida para ser feliz. Y menos el tipo de felicidad banal y cortoplacista que nos han intentado vender las sociedades actuales donde creemos que necesitamos tener más que los demás, ganar más dinero, una casa más grande, un trabajo más prestigioso, un coche caro, ropa y calzado de marcas, teléfonos último modelo y, en definitiva, ser felices a base de un reconocimiento social y a la importancia que en ningún momento quisimos tener hasta que nos la han generado como necesidad para alcanzar la felicidad.

En definitiva,

"Nos han definido que es la felicidad, cuando lo que debemos hacer es definirla nosotros mismos."

Piensa por ti mismo. Ser feliz es una consecuencia de tener un propósito, unos valores y de cumplirlos pese a que seguirlos pueda generar infelicidad a corto plazo.

- **Ser honesto,** es complicado cuando intentamos caer bien a los demás.

- **Ser honrado,** devolver dinero encontrado a su dueño es de bobos.

- **Ser fiel,** demasiadas veces se oye que ser fiel es aburrido.

- **Ser trabajador,** hacer más que los demás demasiadas veces es perder el tiempo.

- **Ser humilde,** demasiadas veces está asociado con ser pobre.

Por desgracia estos valores **están depreciados en la sociedad actual.** De hecho, estos valores están asociados con la infelicidad a corto plazo, pero si tenemos un propósito y seguimos estos principios y las influencias que nosotros decidimos vamos a ser felices por nosotros mismos, pero es algo que no nos han enseñado. Hemos crecido con otra visión

Hemos crecido con el "yo lo merezco, yo tengo derecho a, etc.". Pero, a su vez, la decadencia de los estamentos religiosos en todas las religiones por causas como la corrupción, entre otros, y que en las escuelas se preocupen más por nuestros conocimientos que por nuestros principios, junto que la mayoría de las familias les preocupe más que sus hijos tengan un futuro cómodo en la administración o una multinacional, son una receta perfecta para perderse.

La mayoría de nosotros hemos sido educados en esta psicología: siempre nos falta algo para estar completos, y sólo entonces podremos gozar de lo que tenemos; siempre nos faltan "cinco céntimos para el euro". Nos han enseñado que la felicidad deberá esperar a completar lo que falta. Y como siempre nos falta algo la idea retoma el comienzo y nunca podemos gozar de la vida.

Otra cosa sería si nos diéramos cuenta, así de golpe, de que nuestras 99 monedas son el 100% de nuestra fortuna. Que no nos falta nada que nadie se quedó con lo nuestro. Es sólo una trampa, una zanahoria puesta delante nuestra para que por codicia sigamos arrastrando el carro, cansados, malhumorados, infelices o resignados. Un engaño para que nunca dejemos de empujar, sin ver los enormes tesoros que tenemos alrededor, aquí y ahora. Añoramos lo que nos falta y dejamos de disfrutar de lo que tenemos.

Un rey muy triste tenía un sirviente que se mostraba siempre pleno y feliz. Todas las mañanas cuando le llevaba el desayuno, lo despertaba tarareando alegres canciones de juglares. Siempre había una sonrisa en su cara, y su actitud hacia la vida era Serena y alegre. Un día el rey lo mando llamar y le preguntó:

—Paje, ¿cuál es el secreto?

—¿Qué secreto Majestad?

—¿Cuál es el secreto de tu alegría?

—No hay ningún secreto Alteza.

—No me mientas. He mandado cortar cabezas por ofensas menores.

—Majestad, no tengo razones para estar triste. Su Alteza me honra permitiéndome atenderlo. Mi esposa y mis hijos viven en la casa que la corte nos ha asignado, estamos vestidos y bien alimentados. Además, su alteza, de vez en cuando nos premia con alguna moneda por el trabajo bien hecho. ¿Cómo no ser feliz?

—Si no me dices ya mismo el secreto, te haré decapitar. Las razones que me has dado no son suficientes.

El sirviente sonrió hizo una reverencia y salió de la habitación.

El rey furioso llamó al más sabio de sus asesores y preguntó:

—¿Por qué él es feliz?

—Majestad, lo que sucede es que él está fuera del círculo.

—¿Fuera del círculo? ¿eso le hace feliz? - Preguntó el rey.

—No Majestad, eso es lo que no lo hace infeliz.

—A ver si entiendo: ¿estar en el círculo lo hace infeliz? ¿y como salió de él?

—Nunca entró.

—¿Qué círculo es ese?

—El círculo del 99.

—*No entiendo nada.*

—*Puedo mostrárselo con hechos. Haciendo entrar al paje en el círculo.*

—*¿Pero no se dará cuenta de la infelicidad?*

—*Si se dará cuenta pero no lo evitará.*

—*¿Tal cual, Majestad. Si usted está dispuesto a perder un excelente sirviente lo haremos. Debe tener preparada una bolsa con 99 monedas de oro.*

Así fue. El sabio buscó al rey y juntos se escurrieron hasta los patios del palacio y se ocultaron junto a la casa del paje. El sabio guardo en La Bolsa un papel que decía:"Este tesoro es tuyo. Es el premio por ser un buen hombre. Disfrútalo y no le cuentes a nadie como lo encontraste".

Cuando el paje salió por la mañana, el sabio y el rey lo estaban espiando. El sirviente leyó la nota, agitó La Bolsa y al escuchar el sonido metálico se estremeció. La apretó contra el pecho miró a los lados y cerró la puerta.

El rey y el sabio se acercaron a la ventana para ver la escena. El sirviente había vaciado el contenido de La Bolsa en una mesa y sus ojos no podían creer que hubiera una montaña de monedas de oro. Comenzó a jugar con ellas, así empezó a hacer pilas de 10 monedas, una pila, dos pilas, tres pilas... hasta que formó la última pila: ¡9 monedas! Su mirada recorrió todas las pilas, el suelo y finalmente La Bolsa.

"No puede ser", pensó. Puso la última pila al lado de la otra confirmó que le faltaba una. Me robaron, ¡malditos!" Una vez más buscó en la mesa, en el piso, en La Bolsa, en sus ropas. Corrió los muebles, pero no encontró nada. Sobre la mesa como burlándose de él una montaña de monedas le recordaba que había 99 monedas de oro."Es mucho dinero, pensó, pero me falta una moneda. 99 no es un número completo."

El rey y su asesor miraban por la ventana. La cara del paje ya no era la misma: tenía el ceño fruncido rasgos tensos, los ojos se veían pequeños y la boca mostraba un terrible rictus. El sirviente guardó las monedas y, mirando para todos lados escondió La Bolsa entre leña. Tomo papel y pluma y se sentó a hacer cálculos. ¿Cuánto tiempo tendría que ahorrar para comprar la moneda número 100?

Hablaba solo, en voz alta. Estaba dispuesto a trabajar duro hasta conseguirla; después quizá no trabajaría más. Con 100 monedas un hombre puede dejar de trabajar. Con 100 monedas puedes vivir tranquilo. Si trabajaba y ahorraba, en 11 12 años juntaría lo necesario. Hizo cuentas: sumando el salario y el de su esposa reuniría el dinero en 7 años. ¡Era mucho tiempo! Así era.

El rey y el sabio volvieron al palacio.

El paje había entrado en el círculo del 99.

Durante los meses siguientes, continuó con sus planes de ahorro. Una mañana entro a la alcoba real golpeando las puertas y refunfuñando.

-¿Qué te pasa? preguntó el rey de buen modo.

-Nada- contestó el otro.

-No hace mucho, reías y cantabas todo el tiempo.

-Hago bien mi trabajo, ¿qué quería su Alteza, que además fuera su bufón y juglar?

No pasó mucho tiempo antes de que el rey despidiera al sirviente. No era agradable tener un paje que estuviera siempre de mal humor.

LA SOBREPROTECCIÓN ES UN TIPO DE AGRESIÓN

Te invito a recordar tu infancia y si te cuesta hacerlo mira alrededor, padres, madres, tutores y el Estado se encargan de protegerte de mil maneras, tanto a nivel físico ("no pases hambre, no pases frío o no pases calor") como a nivel emocional ("no salgas por la noche, aléjate de esa chica o ese chico no te conviene. Incluso a nivel económico, el Estado puede incentivar mediante ayudas sociales que no seamos nosotros quienes nos busquemos la vida, porque siempre hay algo o alguien que está cuidando de nosotros.

Por un momento piénsalo. Las vidas que vivimos muchas veces son demasiado cómodas, ¿tienes hambre? Abre el frigorífico. ¿Tienes frío o calor? Enciende los climatizadores. ¿Vives a 20 km del trabajo? Coche, bicicleta o metro. ¿Necesitas recordar un número o una fecha? Ordenadores y teléfonos, pero durante miles de años de historia no hemos dispuesto de ninguno de estos medios para la supervivencia o como estilo de vida.

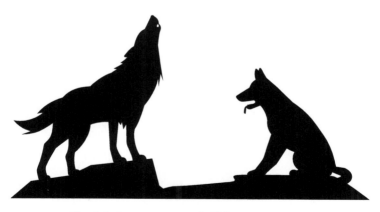

Y el lobo se convirtió en... perro

¿Tienes mascota? Estoy seguro de que sabes que hace miles de años muchas de las mascotas que tenemos no existían porque, evidentemente, no podrían sobrevivir. Nuestros actuales perros (desde pastores alemanes, galgos hasta los graciosos carlinos a los que les cuesta respirar) son una degradación de una raza de perros o lobos supervivientes del medio hasta convertirse en sobrevivientes.

O empiezas a exigirte tú o la sociedad va a convertirte en una persona blanda, cómoda y con un nivel de exigencia lamentable. Y puede que no pase nada, y puedas vivir una vida así, como la mayoría de las personas de tu alrededor, o puede que esta burbuja irreal explote antes de lo que creemos.

De hecho, nos han educado para merecer, y para quejarnos, no para dar. Ya sabes, "quien no llora no mama". Pero esto no es real, es una quimera. Llevamos millones de años de historia de la humanidad y NUNCA hemos vivido así hasta los últimos 40 años de historia, y el efecto Lindy (Capítulo 5) nos dice que algún día esta burbuja explotará. Por ello, te invito a que pruebes a exigirte a ti mismo más que nadie, prueba a vivir con lo mínimo, a pasar hambre, a pasar calor o pasar frío, amplia tu zona de confort y llegará el momento que estas cosas no te afecten si de manera accidental te toca pasar por ello.

> *"Puesto que el riesgo de vivir mal es mayor que el riesgo de morir rápidamente, el que no apuesta un poco de su tiempo en una jugada de gran ganancia es un idiota."*
>
> Séneca

¿Conoces a Rafael Nadal?

Su historia es la de un éxito precoz; comenzó por diversión y a los seis y los siete años ya se notaba su progresión. Con 11 fue campeón de España; con 12, de Europa; repitió con 13; con 14, el campeonato oficioso del mundo; con 15 ganó el primer partido de ATP y con 16 fue el más joven del circuito profesional; con 17 jugó la Copa Davis; con 18 ganó sus primeros torneos importantes y con 19, Roland Garros. Con 19 años ya había hecho lo que muchos no lograrán en toda su vida: ser el número 2 del mundo.

Hoy por hoy tiene 18 Grand Slam, 34 títulos ATP 1000, Oro en los JJOO, 4 Copa Davis y una innumerable cantidad de títulos y reconocimientos en todos los ámbitos del deporte.

Es el mejor deportista de la historia de España, uno de los países del mundo con mayor cultura deportiva, ¿pero qué características le han llevado a ser así de bueno? Si leemos su palmarés, puede parecer que tiene unas características físicas y técnicas de número uno para poder llegar hasta donde ha llegado.

No obstante, si sabes de tenis, sabrás que las características de Rafa van más allá de las físicas o técnicas (en la élite encuentras a tenistas genéticamente más predispuestos por ser más altos, más fuertes y con más envergadura y técnicamente más diestros). Sus puntos fuertes son más bien psicológicos, a nivel de carácter y actitud. Su mentalidad no tiene parangón con ningún otro deportista.

Su entrenador y tío, Toni Nadal, con el que tiene una relación muy especial más allá de lo familiar, nos cuenta algunas anécdotas que hacen pensar el sentido de la responsabilidad de este deportista.

"En la final de Montecarlo. me preguntó cómo veía el partido. De nuevo era contra Federer. Le dije que bastante mal: tiene mejor drive que tú, su revés también, la volea es mucho mejor y cuando le fui a hablar del saque me mandó parar. "¡Vaya moral que me das!" Le contesté que podía engañarlo pero que en dos horas Federer no le engañaría y más valía saber a qué nos enfrentamos. ¿Qué tenía Rafael mejor? Quizá la ilusión y el saber correr. Así que le digo: "Ilusiónate y empieza a correr".

Los psicólogos hoy preconizan que no hay que decir nunca la palabra "no" a un jugador. En lugar de Rafael no subas a la red, Rafael quédate en el fondo. Estoy totalmente apartado de esta línea. Mi línea ha sido hacerle creer que lo principal en la vida es el trabajo, que la única posibilidad de éxito —en nuestro caso, destacar en el tenis— pasaba por apasionarse en el trabajo. Que tuviese ilusión en mejorar. Un gran talento inicial no es del todo determinante; muchos fenómenos se han quedado en el camino mientras he visto a otros con un talento menor y mucho trabajo han llegado más lejos. He intentado inculcar a Rafael que nunca acabase de estar suficientemente contento con lo que hacía. Y es imposible mejorar si no amas lo que haces.

"He comprobado que los que triunfan son quienes más oportunidades se dan a sí mismos. ¿Por qué Carles Puyol llegó más arriba que Guti? Por su carácter. Actitud antes que aptitud"

TONI NADAL

Es una mentalidad diferente pero no nueva. La mentalidad estoica se creó hace dos mil años y es la más desarrollada por distintas filosofías, religiones o estilos de vida (Capítulo 7).

ERES UN YONKI Y NO LO SABES

Uno de los motivos por los que somos analfabetos emocionales, es por el desconocimiento del funcionamiento de los químicos y neurotransmisores que funcionan en nuestro cerebro y la importancia que nuestras emociones tienen en nuestra vida.

La inteligencia se abre y se encoge y está directamente ligada al mundo emocional. Cuando uno está entusiasmado por algo, ¿no es verdad que uno se siente más inteligente? ¿No es verdad que uno aprende más deprisa? Es porque se riega de sangre la zona pre-frontal del cerebro. **Es el sistema reticular ascendente: lo que a ti te interesa tu cerebro lo busca.** Cuando te compras un coche solo ves coches de ese mismo modelo, cuando estudias una carrera solo conoces a gente que estudie lo mismo.

La neuroplasticidad es el proceso de generación de nuevas conexiones neuronales, y neuronas que se conectan más significan un ser humano más inteligente. Ramón y Cajal

(Premio Nobel de Medicina en 1906) decía que todo hombre, si se lo propone, puede ser escultor de su propio cerebro. Cajal descubrió que las neuronas tenían unas proyecciones en sus ramas a las que llamó "espinas". Estaba convencido de que cuando una persona estaba ilusionada por hacer algo las espinas aumentaban.

> *Todo hombre puede ser, si se lo propone, escultor de su propio cerebro.*
>
> SANTIAGO RAMÓN Y CAJAL

Esto significa que la inteligencia se puede entrenar, lo mismo que la personalidad es transformable siempre que trabajes en ella. Esto es una ruptura de paradigma inmensa frente a la creencia dominante de que la personalidad de la infancia será la que marcará la del resto de nuestra vida y que ésta ya está definida a los siete años.

Se sabe también que **cuando una persona está entusiasmada y confiada en sus posibilidades hay un movimiento de células madre hacia el hipocampo y en 21 días se convierten en nuevas neuronas.** Crecí pensando que las neuronas a partir de una determinada edad sólo morían, y que morían a miles.

Es cierto que las neuronas no se reproducen, lo que no se sabía es que las neuronas sí se regeneran a partir de células madre. Estas células generan dopamina (la hormona de la confianza) y ayudan a aprender más deprisa. Somos capaces de sobra para dar el salto.

En el cerebro parece estar involucrada en el reconocimiento y establecimiento de relaciones sociales y podría estar involucrada en la formación de relaciones de confianza y generosidad entre personas.

Ejemplo de ello es que investigaciones han descubierto que la ausencia de la hormona oxitocina podría jugar un papel relevante en la aparición del autismo.

También se piensa que su función está asociada con el contacto y el orgasmo.

Ahora que hemos recordado cómo funciona nuestro cerebro, podemos entender que diariamente estamos bajo efectos de sustancias químicas y neurotransmisores que están provocando determinados efectos en nuestra forma de ser, es importante tener una pequeña idea de que somos humanos formados básicamente por agua y un montón de química y hormonas como la **Serotonina** que producen su efecto cuando tomas el sol, practicas deporte, cuando te sientes importante y que muchas de las veces que te sientes solo, vacío y deprimido es muy probable que sea porque no estás produciendo Serotonina.

Serotonina, también conocida como la hormona de la felicidad, ya que cuando aumentan sus niveles en los circuitos neuronales genera sensaciones de bienestar, relajación, satisfacción y aumenta la concentración y la autoestima.

En este sentido, es necesario tener en cuenta que para producir la serotonina el organismo necesita una sustancia llamada triptófano que no puede producir por sí mismo, sino que debe obtenerlo a partir de los alimentos:

- Regula el apetito causando la sensación de saciedad.
- Controla la temperatura corporal.
- Regula el apetito sexual.
- Ayuda a controlar la ansiedad, el miedo, la angustia y la agresividad.

¿Sabes por qué tienes esa necesidad de dar y recibir abrazos?

Verás, una de las hormonas que producimos, responsable de la posibilidad de iniciar relaciones, es conocida como **Oxitocina** (o también conocida como "la hormona del abrazo") y genera la posibilidad de iniciar relaciones. Por eso, hay veces que cuando le das un abrazo a ciertas personas sientes algo distinto a cuando se lo das a otras.

¿Por qué es tan adictivo establecerse objetivos a corto plazo o dividir en pequeñas metas aquellos objetivos que son a más largo plazo? Eso se debe a otro de los neurotransmisores más potentes que tenemos. Como es la **Dopamina,** responsable de la excitación que tenemos durante las relaciones, aunque no se limita a las relaciones ya que celebrar que cumples tus objetivos produce un placer comparable al del clímax.

Recuerda que eres un yonki adicto a estos neurotransmisores, ¿Sabes que las **Endorfinas** son el analgésico natural del cuerpo? son sustancias naturales sintetizadas por el cerebro que, entre otras cosas, alivian el dolor como sólo pueden hacerlo los opiáceos que incluyen a la morfina, la heroína y la codeína. Sin embargo, las endorfinas no tienen los efectos secundarios que acarrean las drogas al sistema nervioso. Podemos disfrutar de sus efectos con elementos como la música o las artes producen esta distracción que muchas veces permite entrar en estado de *flow* y olvidarnos de muchos de nuestros dolores o sufrimientos.

> Las **endorfinas** son péptidos opioides endógenos que funcionan como neurotransmisores. Son producidas por la glándula pituitaria y el hipotálamo en vertebrados durante la excitación, el dolor, el consumo de alimentos picantes o de chocolate, el enamoramiento y el orgasmo

Muchas veces, cuando no conocemos el origen de ese "sentirse bien" y no sabemos porque nos sentimos así, buscamos determinados estímulos creyendo que nos darán la felicidad que estamos buscando.

Por tanto, si sientes que te falta alguno de estos elementos y necesitas de sus efectos, ahora sabes cómo encontrarlos: crea una lista con planes y metas que quieras alcanzar, escucha tu música favorita, da un paseo al sol o da abrazo a un ser querido.

CREENCIAS CON LAS QUE HEMOS CRECIDO

No existe algo que se pueda llamar naturaleza humana. La frase está diseñada para encasillar a la gente e inventar excusas.

Tú eres producto de la suma total de tus elecciones, influencias y experiencias. Cada uno de los *"Yo soy"*, podría ser rebautizado o reetiquetado: *"He escogido ser"*.

¿ERES ASÍ O HAS ESCOGIDO SER ASÍ?

Hace poco una amiga de 20 años me escribió y me dijo: "Pedro, ¿tú a qué edad dejaste de salir? Te lo pregunto porque me doy cuenta de que si lo hago es porque todas mis amigas salen a beber y a mí no me apetece. ¿Significa que soy una aburrida? Y pienso, por otro lado, que si no lo hago ahora ¿cuándo lo voy a hacer?

¿Es algo que se hace porque está normalizado o bien visto por la sociedad?

La verdad que me vi bastante reflejado en mi amiga. Muchas personas hacen ciertas cosas porque "es la edad", "es lo que se hace", etc., pero lo peor no es que esas personas sigan haciendo cosas que se hacen porque sean cosas de la edad, sino que esas personas suelen juzgar a los que no son como ellas.

Al final, como hablamos en la entrevista con Alberto Álvarez (@themacrowizard), una etiqueta es un límite. Cuidado con las etiquetas que tú mismo eliges ponerte. Los "Yo es que soy así". Estoy seguro de que no te has planteado apenas nada de lo que podrías llegar a ser en realidad. (No tires tu potencial a la basura, Capítulo 3)

La mayoría de las veces no es fácil. Como mucho habrás tenido unos padres que te dijeron: *"Búscate un buen trabajo, una buena pareja y crea una familia"* (pero es porque ellos no se han planteado nada más) Pregúntate qué influencias tienen personas como Elon Musk para no buscar lo fácil, lo cómodo, lo que hacen todos y querer cambiar el mundo y hacer de éste un lugar mejor. Te invito a que te cuestiones todo. VALES TANTO COMO TUS PENSAMIENTOS.

"Lo mejor para la tristeza es aprender algo, es lo único que no falla nunca —contestó Merlín. Aprende porque se mueve el mundo y lo que hace que se mueva, la ciencia pura, astronomía, o hacer con madera la rueda de una carreta, aprender a vencer a un oponente en esgrima. Y después de eso puedes empezar de nuevo con las matemáticas hasta que sea tiempo de aprender a arar la tierra."

Texto extraído Terence White
(El único y futuro rey)

SI TU VIDA ES TUYA
¿NO ES LÓGICO QUE TUS EMOCIONES
TAMBIÉN LO SEAN?

Elige cómo sentirte

Los sentimientos no son simples emociones que te suceden. Los sentimientos son reacciones que eliges tener. Si eres dueño de tus propias emociones, no tendrás que escoger reacciones de autoderrota (además que a nadie le importan tus lástimas). Cuando aprendes que puedes sentir lo que prefieres o eliges, empezarás a encaminarte por la verdadera senda de la "inteligencia". Una senda nueva porque tú considerarás a una emoción dada como una opción y no como una condición de la vida. Éste es el meollo y el alma misma de la libertad personal.

★ NO PROMETAS CUANDO ESTÉS FELIZ

★ NO CONTESTES CUANDO ESTÉS ENFADADO

★ NO DECIDAS CUANDO ESTÉS TRISTE

"Debes confiar en tu capacidad de sentir emocionalmente lo que decidas sentir en cualquier momento de tu vida. Todos hemos crecido creyendo que no podemos controlar emociones, la ira, el miedo, el odio, al igual que el amor o el éxtasis y la alegría, son cosas que te pasan."

WAYNE. W. DYER
(Tus zonas erróneas)

CUANDO TE ENOJES,
VUELVE A TI MISMO

"Cuando te enojes vuelve a ti mismo y cuida de tu ira, y cuando alguien te haga sufrir regresa a ti mismo y cuida de tu sufrimiento. No digas ni hagas nada en estado de ira, podría estropear más tu relación. La mayoría no lo hacemos, no queremos volver a nosotros mismos, sino perseguir a esa persona para atacarla.

Pero si tu casa se está incendiando, lo más urgente es volver a ella e intentar apagar el fuego, y no echar a correr detrás del que crees que la ha incendiado, porque si lo haces, tu casa se quemará mientras te dedicas a atraparle".

THÍCH NHAT HÀNH

¿Has oído hablar de las neuronas espejo? Son neuronas que se activan cuando vemos a los demás hacer algo, como, por ejemplo, bostezar. ¿Nunca te has preguntado por qué cuando alguien bosteza, tú también? Ya sabes por qué. Otro ejemplo es cuando alguien empieza a reír y no puede parar. Su risa poco a poco hace que los demás se contagien de ella (*Influencia y células espejos,* Capítulo 6).

NO TE CULPES
POR SENTIR LO QUE SIENTES,
ERES HUMANO.
CÚLPATE
POR ACTUAR COMO ACTÚAS

Cuida de tus emociones

La parte emocional del cerebro humano, llamada sistema límbico por su forma de anillo, es además capaz de activar o desactivar áreas enteras de nuestro cerebro.

Cuando Daniel Goleman publicó su famoso libro "Inteligencia emocional", la gente quedó perpleja al comprobar como la situación emocional de una persona afectaba al funcionamiento del conocimiento y muchas de las áreas más racionales del cerebro.

Por poner un ejemplo.

Hay opositores que han preparado con verdadero esfuerzo una oposición durante años y el día del examen se han quedado bloqueados y se les ha olvidado todo. Esta "crueldad del destino" es la consecuencia de que los núcleos amigdalinos del cerebro anulen los hipocampos, esenciales en el almacenamiento y recuperación de los recuerdos.

Cada día se da más importancia a las emociones debido a la cantidad de información y evidencia científica sobre la participación de las "soft skills" en el desarrollo personal y el éxito en la vida de muchas personas.

CUIDADO CON LA ALEXITIMIA

La alexitimia. La enfermedad de no poder mostrar emociones

Alexitimia: la incapacidad para identificar las emociones propias. Hay personas incapaces de expresar e identificar sus emociones. Es la alexitimia, una limitación provocada por un trastorno en el aprendizaje emocional o por una lesión cerebral.

Se trata de un trastorno mental muy extendido entre la población: afecta a una de cada siete personas. En particular, la alexitimia se manifiesta en el 85% de los afectados por trastornos autistas.

También, a su vez, quienes padecen de alexitimia, mantienen una posición agresiva hacia su entorno, pero más aún hacia ellos mismos, ya que al no poder verbalizar sus sentimientos tienen la tendencia a sentirse inútiles y anti hedónicos. También, algunos lo representan con narcisismo laboral, en la que nadie en su trabajo es mejor, tendencia a ser dictador, se hace intimidar con sus pares.

Según explica Pedinielli:

1. La incapacidad para expresar verdaderamente las emociones o los sentimientos.

2. La limitación de la vida imaginaria.

3. La tendencia a recurrir a la acción para evitar y solucionar los conflictos.

4. La descripción detallada de los hechos, de los síntomas físicos, actividad del pensamiento orientada hacia preocupaciones concretas.

P. Sifneos y J. Nemiah, observaron en pacientes psicosomáticos una dificultad para expresar sus estados afectivos con palabras, así como para diferenciar sensaciones corporales de afectos. Lo consideraron una perturbación cognitivo-afectiva, que denominaron alexitimia (del griego *a:* "falta"; *lexis:* "palabra", *thymos:* "afecto"), que significa literalmente "ausencia de verbalización de afectos".

Se refiere a una falta cognitiva caracterizada por inhabilidad para verbalizar sentimientos y discriminarlos, por el cual el sujeto presenta una tendencia a la acción frente a situaciones conflictivas.

En este libro propone que seas consciente de tus emociones y te conozcas como no has hecho hasta ahora, para que puedas identificar tus emociones y decidir como sentirte, mediante la **asertividad.**

CAPÍTULO 3

Necesitas fracasar más

Mira a tu alrededor, ¿piensan que eres frágil o que eres blando? De ser así, habrá personas que no quieran decirte lo que piensan de ti por miedo a ofenderte o hacerte daño. De esa manera, será muy complicado crecer y avanzar como persona.

"UN MAESTRO
HA FALLADO MÁS VECES
DE LAS QUE SU ALUMNO HA INTENTADO"

Hay personas que no saben que no hay mejor maestro que equivocarse.

En muchas cosas utilizas tu instinto, tu sentido común. Cuando vas a tener sexo no vas pensando en cual va a ser la postura óptima para obtener placer, lo que haces es dejarte llevar por el momento y basarte en tu experiencia previa sobre lo que te gusta más, te gusta menos o va más o menos contigo y a partir de ahí empiezas a probar y experimentar.

La magnitud de tu éxito se sustenta en el número de veces que fracasaste en algo. Si alguien es mejor que tú en algo, entonces es probable que lo sea porque ha fallado más veces que tú.

En el ámbito del estudio, en el ámbito profesional, y en el emprendimiento muchas veces veo personas que pese a tener opciones donde empezar, no llegan a lanzarse porque no están seguras de si lo que van a hacer será lo mejor. ¿Tiene esto sentido?

De hecho, sí, porque **lo bueno es enemigo de lo mejor,** y esa constante duda es lo que lleva a muchas personas a la parálisis por análisis, pero para llegar a lo mejor, es necesario haber empezado.

Parálisis por análisis

Recuerdo mi poco gloriosa época de estudiante. Era tiempo de exámenes. Me había presentado a dos finales y un parcial. Total, lo más fácil era darme por vencido, ya que la fecha del siguiente examen era dentro de una semana y tenía mucho que estudiar como para querer aprobar todo. "Recordar fechas y datos es un sinsentido", me decía a yo, carente de motivación intrínseca.

No voy a llegar. Es inútil seguir poniendo energía en una causa perdida, cuando perfectamente puedo pasar de curso sin la necesidad de aprobar todas.

Alguien me dijo: "No se trata de aprobar o suspender, se trata de que nadie pueda decirte que no lo diste todo intentándolo". Finalmente, aprobé los tres exámenes.

U n día, cuando Pablo Picasso ya era un hombre mayor, sentado a la mesa de un café en España, dibujaba algo en una servilleta usada. *Muy despreocupado, se dedicaba a dibujar lo que le viniera en gana en ese momento, algo así como cuando los adolescentes garabatean partes masculinas en las paredes de los baños, excepto que en este caso se trataba de Picasso, así que sus palos de sanitario eran una genialidad cubista impresionista plasmada sobre las manchas de café de aquella servilleta.*

De cualquier modo, una mujer que estaba sentada cerca de él, lo observaba con admiración. Después de un rato, Picasso terminó su café, tomó la servilleta y se ponía a tirarla en su camino hacia la salida.

La mujer lo detuvo.

—Espere. ¿Puedo conservar la servilleta que dibujaba? Le pagaré por ella.

—Claro —respondió Picasso—. Son 20.000 pesetas.

La cabeza de la dama dio un latigazo hacia atrás como si el pintor le hubiera lanzado un ladrillo.

—¿Qué? Le llevó como dos minutos dibujar eso.

—No —contestó Picasso—, me llevó casi 60 años dibujar eso.

Dicho esto, introdujo la servilleta en su bolsillo y se marchó del café.

¿Conoces el cuento de las dos ranitas?

Una vez había dos ranas que cayeron en un recipiente de nata. Inmediatamente se dieron cuenta que se hundían era imposible nadar o flotar demasiado tiempo en arenas movedizas. Al principio, las dos ranas patalearon en la nata para llegar al borde del recipiente.

Pero era inútil; solo conseguían chapotear en el mismo lugar y hundirse. Sentían que cada vez era más difícil salir a la superficie y respirar.

Una de ellas dijo en voz alta:

—No puedo más. Es imposible salir de aquí. No se puede nadar, ya que voy a morir para que morir agotada por un esfuerzo estéril.

Dicho esto, se hundió y quedó tragada por el espeso líquido blanco.

La otra rana, más persistente o quizá más tozuda se dijo:

— ¡No hay manera! Nadie puede avanzar en este camino. Sin embargo, aunque se acerque la muerte lucharé hasta mi último aliento. No moriré antes de que llegue mi hora.

Siguió pataleando siempre en el mismo lugar, sin avanzar durante horas y horas. Y de pronto de tanto patalear y batir las ancas, agitar y patalear, la nata se convirtió en mantequillla.

Sorprendida, la rana dio un salto y patinando llegó hasta el borde del recipiente.

UN MOTOR DE DOLOR Y PLACER

Todo lo que hacemos es, o bien por una necesidad de evitar dolor o bien por un deseo de obtener placer.

El problema de no querer cambiar es porque asocias más dolor al hecho de cambiar que al hecho de quedarte como estás.

Cuando no hacemos algo o lo postergamos, aunque sepamos que puede ser beneficioso para nosotros y que podría aportarnos placer, lo hacemos porque sencillamente en ese momento asociamos más sufrimiento a hacer lo necesario que a dejar pasar la oportunidad.

La explicación a estas conductas está en el nivel de dolor y de placer que asociamos a ellas:

Siempre ganará la opción que nos evite más dolor o que nos proporcione más placer.

Para la mayoría de la gente el temor de perder lo que tienen pesa mucho más que el deseo de lanzarse a buscar algo mejor, y es por eso por lo que no hacen nada por cambiar su situación, ya que prefieren quedarse con lo que poseen en vez de aceptar los riesgos necesarios para conseguir lo que desean.

UN DÍA
TU CORAZÓN
DEJARÁ DE LATIR,
Y NINGUNO DE TUS MIEDO
O PLANES DE FUTURO IMPORTARÁN,
IMPORTARÁ COMO VIVISTE

¿Vale la pena dejar de hacer cosas por miedo?

E l día después de graduarse en el instituto, Vanessa se detuvo frente a la tienda que había pasado tantas veces antes, esta vez por un capricho.

Vanessa llegó a la puerta de la sala de una "Psíquica Experta en lectura de signos", antes de recibir una lectura no muy agradable: "Tendrás el más miserable futuro". Vanesa determinada en escapar de su destino trató de desafiar la prescripción siendo extremadamente cautelosa, nunca tomando riesgos y evitando cualquier cosa que pudiera causarle daño o dolor.

A la edad madura de 100 años, Vanessa respiró por última vez y se dio cuenta, demasiado tarde, de que la predicción de la adivina se había hecho realidad.

Había llevado una vida vacía y miserable.

El mecanismo que desata el miedo se encuentra, tanto en personas como en animales, en el cerebro, concretamente en el cerebro reptiliano, que **se encarga de regular acciones esenciales para la supervivencia como comer y respirar,** y en el sistema límbico, que es el encargado de **regular las emociones, la lucha, la huida, evitar el dolor y en general todas las funciones de supervivencia.**

Este sistema revisa de manera constante (incluso durante el sueño) toda la información que se recibe a través de los sentidos, y lo hace mediante la estructura llamada amígdala cerebral, que controla las emociones básicas, como el miedo y el afecto. Y se encarga de localizar la fuente del peligro. Cuando la amígdala se activa, se desencadena la sensación de miedo y ansiedad, y su respuesta puede ser la huida, el enfrentamiento o la paralización.

> En una entrevista a un piloto antes de subirse a su avión, un Boing de más de 400 pasajeros, le preguntaron al piloto: ¿Qué siente cuando va a despegar? "Tengo miedo" respondió el piloto. Pero, ¿cómo va a tener miedo? Le volvieron a preguntar.
>
> He dicho que tengo miedo, no que el miedo me tenga a mí. El miedo es lo que hace que esté alerta es lo que hace que esté pensando en que todo salga lo mejor posible y valore mi responsabilidad.

Las mejores cosas que he hecho en mi vida siempre han estado detrás de mi terror a realizarlas.

La primera vez que le pedí salir a una chica, estaba realmente acojonado, sentía un miedo al rechazo tremendo y lo peor es que cuando me dijo que no, ese miedo no se hizo más pequeño, que hubiera sido lo contrario a si me hubiera dicho que sí.

La primera vez que hice un entrenamiento personal me dio un miedo terrible por no saber si estaría a las expectativas de mi cliente.

La apertura de mi gimnasio, CrossFit Me, dio un miedo terrible, pues todos los ahorros de muchos años de trabajo no permitían margen de error.

La primera vez que marché a Oriente Medio a trabajar como entrenador me dio un pánico terrible por enfrentarme a mis prejuicios e ignorancia a lo que iba a encontrarme.

> *"El que sabe pero no lo aplica, es igual que el ignorante."*
>
> Marcos Vázquez

CUANDO NO ENCUENTRAS PROBLEMAS, LOS CREAS TÚ

El ser humano tiene en alrededor de 50.000 pensamientos diarios. De los cuales la mayoría de la población tiene más del 50% negativos. Es decir; más de la mitad de estos pensamientos son "advertencias a uno mismo".

Estos pensamientos negativos provienen de experiencias vividas a nivel personal o de otras personas, pero son importantes, ya que forman parte de un mecanismo de supervivencia.

Muchas veces esto se pone en contra de nosotros. Nos lleva a centrarnos en los temores, en lugar de centrarnos en nuestros planes para conseguir eso que queremos. Además, hacen que no demostremos seguridad en uno mismo.

A veces cuesta entender que, pese a vivir en sociedades civilizadas, el ser humano no hace tanto que era más bestia que hombre, ante una situación de riesgo. Un animal la resuelve instintivamente mediante dos reacciones básicas: huida o ataque. Pero los seres humanos contamos con la capacidad de razonar y abordarlas mediante respuestas conscientes, denominadas como "estrategias de afrontamiento". Estas tácticas multifuncionales nos permiten moderar las emociones, disminuir el malestar y librarnos del peligro.

"Un grupo de discípulos le preguntó una vez a su maestro Zen:

—¿De dónde viene el lado negativo de nuestra mente?

El maestro se retiró un momento y enseguida regresó con un gigante lienzo en blanco.

En mitad de lienzo había un pequeño punto negro.

—¿Qué veis en este lienzo? —preguntó el maestro.

Los discípulos respondieron, "un pequeño punto negro".

El maestro dijo: "ese es el origen de la mente negativa. Ninguno de ustedes ve la enorme extensión blanca que lo rodea".

El ser humano cuenta con diversas herramientas para garantizar su supervivencia, como poner el foco en lo negativo, lo cual hace cientos o miles de años podía tener mucho sentido de cara a tomar acción y mejorar las relaciones, pero que hoy en día en su mayoría son totalmente absurdas.

Antiguamente decir, tengo hambre significaba la necesidad de buscar otros alimentos para poder sobrevivir. Hoy en día la misma situación denota comodidad y victimismo.

Antiguamente decir, tengo frío y va a ponerse a llover, significaba la búsqueda de una solución de vida o muerte ya que podían estropearse las cosechas y perder con ello muchos meses de trabajo y hambruna. Hoy en día, la misma situación denota debilidad y falta de previsión meteorológica.

¿Por qué desconfías?

Es normal que sientas que hay personas que quieren lo que tú tienes. De hecho, lo llevas en el ADN. Hace millones de años, era inconcebible sobrevivir sin esa desconfianza, o sin el miedo a que fueran a quitarte tu comida, tu "pareja" o tu lugar en la cueva.

El problema es que pese a haber evolucionado muchísimo y haber creado sociedades civilizadas, ese instinto natural va más allá de tu vida profesional y cala en tu vida personal, donde cuesta distinguir amigos de personas que te quieren por cierto interés.

Cuando alguien te da confianza deberías valorar que se está exponiendo y luchando contra su "mono interior". Por eso la confianza tiene tanto valor, cuando alguien te la da te está diciendo, tendría más probabilidades de sobrevivir sin darte esto, pero elijo ser humano y hacer un mundo mejor contigo.

Algunas defensas y su funcionamiento

- **Negación:** ignorar una situación demasiado intensa para protegernos de una emoción desencadenante. Por ejemplo: una persona recibe el anuncio de un despido y "olvida o niega" el haber recibido la información.

- **Sublimación:** deseos frustrados se transforman en actividades sustitutivas, productivas y aceptadas socialmente. Por ejemplo: el deseo de un niño gordito por encajar puede sublimarse mediante una carrera como nutricionista.

- **Formación reactiva:** cambiar un impulso inaceptable por su contrario, de manera exagerada. No solamente se reprime lo intolerable, sino que se trasciende operando con un comportamiento opuesto para evitar que salgan a la luz los verdaderos deseos. Por ejemplo: una señora que vive sus impulsos muy crueles contra la novia de su hijo se muestra excesivamente compasiva y generosa frente a su presencia.

- **Regresión:** recuperar hábitos o momentos anteriores cuando estamos frente a fuertes presiones o atemorizados, nuestros comportamientos o actitudes pueden tornarse más infantiles o primitivos. Buscando tranquilidad en que alguien tome nuestras responsabilidades. Por ejemplo: ante la llegada de un hermanito, el primogénito vuelve a mojar la cama o a chuparse el dedo.

- **Proyección:** una característica negativa que rechazamos de nosotros mismos se traslada a otro sujeto o situación. Por ejemplo: esta reacción puede aparecer en discusiones, cuando se buscan reproches hacia otras personas que te pertenecen.

- **Racionalización:** búsqueda de excusas y justificaciones. *Por ejemplo, perdimos el partido porque el árbitro era muy malo.*

- **Represión:** intento de alejar de la consciencia todo lo que nos genere rechazo pese a que permanezca en el subconsciente. *Por ejemplo, abusos por parte de un sacerdote genera rechazos hacia la Iglesia.*

- **Aislamiento:** se puede contar una situación desagradable como indiferente. Aparece separado aquello que, en realidad, está unido. Por ejemplo: contar una situación traumática vivida en primera persona sin aparecer en la historia.

Estas defensas deben identificarse en uno mismo para conocernos mejor y ser los verdaderos dueños de nuestras emociones, recuerda que tenemos dentro dos mecanismos de pensamiento: el racional y el automático. Y podemos programar al segundo en base al primero.

LA PERSPECTIVA ES MARKETING

No importa lo que te pasa, importa el cómo te lo tomas. Todo son perspectivas. Por poner un ejemplo, si hace 10 años te dicen que van a doblar el precio de la gasolina, seguro que sales a la calle a manifestarte por tus derechos, pero hoy por hoy como el cambio ha sido tan gradual y tanteado, lo normaliza. Incluso lo ves como algo lógico.

Como diría mi buen amigo Jesús Sierra (@jesus_sierra__):

"No te creas todo lo que piensas."

¿Conoces la historia de la Torre Eiffel?

G ustave Eiffel fue quien diseñó el modelo de la torre. Cuando fue iniciada su construcción entre 1887/1889 muchos parisinos, en especial los artistas, no gustaron del proyecto y protestaron en su contra. Para la crítica, la torre no sería más que un desacierto arquitectónico.

Según la historia, la torre tenía la visión de ser demolida para el año de 1909. Pero gracias a las antenas telegráficas que fueron instaladas y que servían para la comunicación de ese entonces, se evitó el desmonte. De ahí en adelante, la obra hace parte del sistema de comunicación francesa, pues allí tienen parte antenas de radio y televisión nacional.

Hoy por hoy torre Eiffel es uno de los monumentos más importantes y representativos de Europa. Su valor patrimonial para la nación francesa lo dota de atractivo para los millones de personas que cada año visitan el país generando millones de euros al año.

No ves el mundo como es, ves el mundo como eres tú. Si algo te ofende mira dentro de ti

Había estado nevando toda la noche.

8:00 — Hice un muñeco de nieve.

8:10 — Una feminista pasó y me preguntó por qué no hice una mujer de nieve.

8:15 — Hice una mujer de nieve.

8:17 — Mi vecina feminista se quejó del voluptuoso perfil de la mujer de nieve diciendo que cosificaba a las mujeres de nieve en todas partes.

8:20 — La pareja gay que vivía cerca tuvo un ataque de furia y protestó, porque que podrían haber sido dos hombres de nieve en su lugar.

8:22 — La persona transgénero me preguntó por qué no hacía una persona de nieve con partes desmontables.

8:25 — Los veganos al final de la calle se quejaron de la nariz de zanahoria, ya que los vegetales son comida y no para decorar las figuras de nieve.

8:28 — Me denuncian, anónimamente, al INADI porque la pareja de nieve es blanca.

8:31 — El caballero musulmán al otro lado de la carretera exige que la mujer de nieve use un burka.

8:40 — *La policía llega diciendo que hay un reclamo, alguien ha sido ofendido.*

8:42 — *La vecina feminista se quejó nuevamente de que la escoba de la mujer de nieve debe ser removida porque representa a las mujeres en un papel doméstico.*

8:43 — *Un fiscal llegó y me amenazó con iniciarme una causa.*

8:45 — *El equipo de noticias de la TV apareció. Me preguntan si sé la diferencia entre hombres de nieve y mujeres de nieve. Respondo:"bolas de nieve"y ahora me llaman sexista.*

9:00 — *Estoy en las noticias como presunto terrorista, racista, delincuente con sensibilidad homofóbica, empeñado en provocar problemas durante el mal tiempo.*

La piedra

El distraído tropezó con ella.

El violento la utilizó como proyectil.

El emprendedor, construyó con ella.

El campesino, la utilizó para descansar.

Para los niños fue un juguete.

David, mató a Goliat y Miguel Ángel sacó la más bella escultura.

En todos estos casos, la diferencia no estuvo en la piedra, sino en la persona.

No existe piedra en el camino que no puedas utilizar en tu crecimiento.

Siempre se ha dicho que la belleza está en los ojos del que mira, y eso me recuerda a la mentalidad que intenta transmitir Miguel Camarena. Todos tenemos la elección de ver la vida con ojos de mosca o con ojos de abeja, y que pese a estar rodeado de flores y mierda, todo lo que enfoques sea mierda, y de la misma manera rodeado de lo mismo tienes la elección de enfocar las flores.

Vivimos en la sociedad del buenísimo donde es importante ser políticamente correcto para que no nos echen del grupo y que nuestro ego no se vea afectado, pero ¿es posible cambiar nuestro enfoque para que no nos afecte tanto? Es posible. Y, de hecho, se puede entrenar.

EL ESTADO DE FLOW

Autores como Eckart Tolle en "El poder del ahora", le dan la máxima importancia a entender el "SER". Al final, demasiadas veces nos preocupamos por cosas que ni han sucedido y no llegarán a suceder y olvidamos que el momento más importante de nuestra vida es el momento presente.

Este estado viene a decir que no importa lo que haces, importa cómo lo haces. En el libro "Una psicología de la felicidad", de Mihaly Cziscmihal, puedes estar haciendo cualquier cosa, que lo único que determina que estés disfrutando de lo que haces es que estés en flow en ello. Por poner varios ejemplos, puedes estar haciendo el amor, que si estás pensando que llegas tarde a recoger a tu amigo al aeropuerto no vas a disfrutar de ello. Por otro lado, puedes estar haciendo una tarea tediosa, como es organizar documentación o pintar una habitación que si es algo que te absorbe puede convertirse en una tarea más amena que la anterior.

¿Por qué es importante entrenar el foco?

Es importante entrenar el foco. Pero, antes de nada, ¿Qué es el foco? Nuestro foco de atención es nuestra brújula de vida. Es la vara de medida para valorar todo lo que nos pasa, ya que en función de la amplitud del foco lo que nos acontezca o lo que consigamos puede parecernos ridículo o inmenso, catastrófico o maravilloso. Puede que ya te hayas parado a pensar sobre esto y quieras saber más y herramientas para mejorar nuestro control de la perspectiva, y si no lo conocías, te aviso que va a determinar la dirección que tome tu vida en cuanto tomes consciencia de su importancia.

¿Cómo podemos entrenar nuestro foco?

Desde hace más de 2.500 años maestros del este llevan dando importancia a las técnicas de meditación. No obstante, hasta que a finales del siglo xx y principios del siglo xxi la ciencia occidental no ha empezado a dar importancia a mejorar nuestra consciencia, propiocepción y capacidad de concentración y lo ha demostrado con evidencia científica, las personas más reacias a creer sobre estas técnicas no han mostrado particular interés.

Pero ¿qué es la meditación y para qué sirve?

La meditación es una técnica muy sencilla para mejorar nuestra concentración. No es la creencia popular de no pensar en nada y que en cerebros tan activos como los de las personas de este siglo tendría poco sentido. La meditación, no tiene que ver con el dejar de pensar, sino con el control de lo que se piensa, y, por ende, el de nuestro foco. Un ejemplo que pone en muchos en sus libros o ponencias el Doctor Mario Alonso Puig es el de pretender frenar los pensamientos como si estos fueran olas en el mar, pero en cambio puedes sumergirte bajo la ola (pensamientos) para evitar ser arrastrado por ellos.

Entrenar lo que se piensa y lo que no se piensa es determinante de cara al control de nuestro foco.

Otras técnicas en las que trabajamos el control del foco.

- **Establecer metas.** Las metas que hemos establecido en nuestro pasado, nos ayudan a experimentar una sensación de logro, motivándonos para enfocar las dificultades del presente.

En un castillo inglés existía una regla por la que los visitantes no tenían que pagar entrada para poder visitarlo y eso atraía ala mayoría de los turistas llegados a ese lugar.

Una vez dentro del castillo solo había una condición para no pagar la visita: esta se tenía que hacer con una cuchara en la boca llena de arena y si no se caía ni un gramo durante el recorrido, este finalmente sería gratuito. Todos lo visitantes, entusiasmados, aceptaban el reto, y recorrían el castillo ilusionados con poder llegar hasta el final sin perder ni un gramo del contenido de la cuchara.

Como resultado, la mayoría de los visitantes no pagaban la entrada material, pero pagaban un precio mucho mayor: no haber podido apreciar nada del interior del castillo.

Ninguno de los visitantes que llegaron con la cuchara llena de arena habían visto el interior de la fortaleza, sus valiosos cuadros, su arquitectura, porque únicamente habían estado mirando su cuchara para no derramar la arena.

- **Baños de agua fría.** La activación del sistema nervioso es otro de los beneficios de ducharse con agua fría, la cual estimula la secreción de ciertos neurotransmisores como la noradrenalina que nos hace poder estar atentos y vigiles.

- **Entrenamiento de alta intensidad.** Seguro que si alguna vez has hecho una clase o un entrenamiento de alta intensidad no has tenido tiempo para pensar que tenías el horno encendido o que lo dejaste con tu pareja, esto es porque cuando tus recursos energéticos y pulsaciones están al máximo en una actividad no tienes tiempo para pensar en nada más.

- **Yoga,** que en sánscrito significa 'Uncir', 'unir al individuo con Dios haciendo que el cuerpo trabaje en conjunto con la consciencia'. Mihaly señala las similitudes entre el flujo y el yoga haciendo pensar que el yoga es una actividad de flujo planificada.

- **Mentalidad positiva.** Este mensaje va más allá del vacío e irreal que todos hemos visto sin poder darle sentido. El enfoque positivo es un punto de vista que permite darle la vuelta a una situación con un enfoque negativo, pudiendo enfocar la solución a un problema, o un aprendizaje de una experiencia.

La mente intuitiva es un regalo sagrado y la mente racional es un fiel sirviente.

> *"Hemos creado una sociedad que honra al sirviente y se olvida del regalo."*
>
> ALBERT EINSTEIN

La popular frase "ver para creer" es evidente en el mundo en el que vivimos. Unas prácticas milenarias como la meditación o el yoga han ganado credibilidad en Occidente sencillamente porque la ciencia las ha validado.

Aun así, os pregunto si no deberíamos seguir nuestra propia intuición, nuestro propio sentido común y escuchar nuestro cuerpo. Vivir el momento en el que estamos. No desde el punto que hemos malentendido el "Carpe Diem" (que no es vivir a lo loco), sino vivir sintiendo cada instante del presente desarrollando nuestra consciencia.

Muchas personas se sienten atrapadas en una noria sobre la que acaban teniendo muy poco control, sintiéndose comprometidos sin obtener ninguna diversión.

Han cometido la equivocación de confundir la forma con la sustancia, y de creer que las acciones concretas y los acontecimientos son la única "realidad" que determina lo que sienten.

El disfrute, no depende de lo que usted hace, sino de cómo lo hace.

Los motivos que te llevan a hacer algo son tan importantes como el hecho de hacerlo en sí mismo. Por poner ejemplos, el sexo es una actividad maravillosa siempre que se haga por voluntad propia o incitado por una persona querida No obstante puede ser una pesadilla si se realiza de manera forzada. Otro ejemplo sería cuando decidimos sentir la música recorrer nuestro cuerpo y empezamos a expresar nuestra emoción de cara a cantar o bailar determinadas canciones, incluso imaginando esta música en nuestra mente, pero de igual manera no podemos obligar a nadie a sentir esa música, cantar o bailar.

Es importante recordar que todo depende del contexto o punto de vista del que miremos.

NO PUEDES GUSTAR A TODOS, NO ERES UNA CROQUETA

Hay personas que quieren tu atención, fomentar tu odio o rabia, y no por ello tienes que corresponderlas.

De la misma manera que hay personas que llegarán a tu vida y querrán amarte, pero no podrás corresponderlas.

- Hay personas que no quieren lo que tú tienes, quieren que tú no lo tengas.
- Personas que en lugar de entrenar te dicen, si levantas peso te vas a hacer daño.
- Emprender es más difícil de lo que crees, es mejor que oposites y busques un trabajo seguro para toda la vida.
- No sé para qué te cuidas tanto si te vas a morir igual.

En definitiva, personas que no quieren verte arriba porque creen que a ellos les hace estar abajo, personas que desean que caigas para decirte, te lo dije, te dije que era imposible y yo tenía razón y tú no.

Si estas personas supieran los beneficios de ayudar o aportar a los demás serían generosas por puro egoísmo.

> ***Robustez*** *es preocuparse más por los pocos que valoran tu trabajo, que por la multitud que los odia.*
>
> (Artistas)

> ***Fragilidad*** *es preocuparse más por los pocos que critican tu trabajo, que por la multitud que los valora.*
>
> (Políticos)

> *Opta por la Robustez.*
>
> George Herbert

Una mañana me acababa de levantar cuando vinieron a verme varías personas.

"Hay gente que te está criticando mucho. ¿Por qué no contradices todos esos comentarios inútiles? No son buenos".

"Si algo es inútil, no vale la pena responder. Cuando decimos que hay que contradecir algo, ¿no estamos dándole más importancia?"

Al oírlo, uno de ellos me dijo:

"Pero no es bueno dejar que imperen en el mundo las cosas malas". Tienes razón; sin embargo, no puedes parar a las personas que necesitan criticar y gustan de rumores. Son grandes inventores y siempre encontrarán otra vía. La historia de la página siguiente tiene que ver con esto.

> *Nunca serás criticado por alguien que esté haciendo más que tú. Siempre será por alguien que esté dando menos.*
>
> ERNEST DIFT

¿Hablas o haces?

Una persona procrastinadora tiende a ser criticona. Y al revés. Una persona criticona es una persona que no está haciendo algo, sea por el motivo que sea.

La gente que critica algo o alguien es para tapar sus propias carencias o ignorancia. He aquí algunos ejemplos:

- Gente que critica obsesos del gimnasio por simplemente dedicar un rato todos los días y comer sano.

- Gente que critica a personas que no salen de "fiesta" porque les llaman aburridos o que no tienen vida social.

En una noche de luna llena Shankar y Parvati, sentados en su adorado buey Nandi, salieron a dar un paseo. Tras dar unos pasos salió a su encuentro un grupo de gente. Al verlos encima del buey dijeron: "Qué pareja más descarada! Pobre buey, como si no fuera un ser vivo". Al oír esos comentarios, Parvati se bajó y caminó.

A poca distancia se encontraron a otro grupo de personas que dijeron: ¿Quién es el que va montado en el buey y deja que una delicada criatura vaya andando? Debería tener más vergüenza". Al oírlo, Shankar volvió a montar a Parvati en la grupa de Nandi.

No habían avanzado mucho cuando salieron otras personas que les dijeron: ¡Qué mujer más desvergonzada! Consintiendo que su marido camine mientras ella va en el buey. Al oírlo los dos comenzaron a caminar al lado de Nandi.

Solo habían dado unos pocos pasos cuando otro grupo de gente exclamó: "¡Mirad esos dos idiotas! Tienen un buey fuerte y van a pie."

Ya no sabían que hacer. No podían hacer nada, se detuvieron bajo un árbol con Nandi, que no había dicho nada hasta el momento. "Os voy a dar la solución, deberíais llevarme los dos sobre vuestra cabeza".

En cuanto oyeron esto recuperaron la razón y se montaron encima de Nandi. La gente seguía diciéndoles cosas, pero ellos empezaron a disfrutar de su paseo por primera vez.

- Alumnos criticando profesores porque les tienen "manía".

- Gente que critica a chicos o chicas que van vestidos con poca ropa porque consideran que son promiscuos.

- Gente que dice que pasas mucho tiempo con internet y no sirve para nada.

- Señores sentados en su sofá criticando a futbolistas que corren poco (seguro que ellos lo harían mejor).

- Lo que no se dan cuenta es que cuando criticas algo, ocurren dos cosas casualmente nada buenas: no se mejora en ningún aspecto y se pierde tiempo (A ME-NOS QUE GANES DINERO CRITICANDO).

- Cuando alguien critica, habla de sus carencias personales.

EL MUNDO NO ES JUSTO, Y ESO ES MARAVILLOSO

Qué valor tendría un día soleado sino hubiera días de mierda en los que hace frío y apetece estar en casa.

Qué sentido tendría disfrutar de un rato tranquilo contigo mismo si no existieran sitios llenos de ruido.

Qué valor darías a que tu familia o la gente que quieres tenga salud, si está fuera para siempre.

EN EL MUNDO
DE LAS EMOCIONES
PASA LO MISMO,
NO DEBE SER
JUSTO

Si supieras que alguien hace algo no porque te aprecia, sino porque quiere que le devuelvas un favor, no tendría valor.

Corresponder al beso que se te da o decir "Yo también te quiero", en vez de aceptarlo y expresar tus propios pensamientos cuando escojas hacerlo. Implica que no es justo recibir un "Yo te quiero", o un beso sin devolverlo.

Sentirte obligado a tener relaciones con alguien debido a que es justo devolver sentimientos (por muy honestos que sean).

Una tontería como seguir en Instagram a alguien porque te ha seguido.

HOY EN DÍA TODAVÍA HAY PERSONAS QUE BUSCAN JUSTICIA EN COSAS QUE TIENEN POCO SENTIDO Y VAN EN CONTRA DE LO QUE QUIEREN VIVIR

Por ejemplo, "Tú saliste anoche; no es justo que yo me tenga que quedar en casa". No es justo, yo no te haría algo así.

EN VEZ DE ECHAR LA CULPA DE LO QUE OCURRE A LA FALTA DE JUSTICIA O DE EQUIDAD, OBSERVA TU PROPIO COMPORTAMIENTO QUE TE INHABILITA A DECIDIR POR TI MISMO QUE ES LO MÁS APROPIADO PARA TI O QUE DESEAS REALMENTE

Reflexión propia a través de leer
"Tus zonas erróneas" de Wayne Dyer.

TU POTENCIAL A LA BASURA

Hemos crecido pensando que todos somos iguales, creyendo que la desigualdad es algo malo, cuando no es ni buena ni mala (siempre y cuando no sea fruto del uso de la fuerza). Al final nosotros somos responsables y decidimos como queremos ver el mundo.

Siempre habrá personas que se esfuercen menos que tú para conseguir más de lo que tienes, y otras que se dejen la vida para llegar a la mitad de lo que has conseguido. Y no es igual, ni es justo, simplemente es. Los comportamientos humanos son los que son justos o no, no la realidad.

NO ES LO QUE SOMOS LO QUE NOS LIMITA,
SI NO LO QUE PENSAMOS QUE NO SOMOS
MARIO ALONSO PUIG

Además, si todos fuéramos iguales, la vida no tendría misterio. Por si fuera poco, todos queremos ser mejores, no iguales. ¿Conoces a alguien que quiera ser peor sólo para estar en la media?

Incluso aunque algo no sea justo, eso no debe servirte para no dar tu mejor versión.

Quien carece de valentía encuentra siempre
una filosofía que lo justifica.

ALBERT CAMUS

Al final, como decía Alberto Álvarez @themacrowizard en una entrevista en el podcast Emotion Me, ***una etiqueta es un límite***. Cuidado con las etiquetas que tú mismo eliges ponerte. Los "Yo es que soy así. Eres mucho mejor de lo que has imaginado, y **si no has imaginado más es precisamente porque de niño no has desarrollado toda la creatividad que puedes alcanzar como ser humano.** Es hora de que empieces a cuestionarte hasta donde puedes llegar, y cuando lo hayas hecho, vuelve a hacerlo porque te ahorrarás mucho tiempo pensando a lo grande.

Estoy seguro de que no te has planteado apenas nada de lo que podrías llegar a ser en realidad.

TODOS LOS SERES HUMANOS NACEN IGUALES, PERO NO TODOS LOS SERES HUMANOS SON IGUALES AL MORIR

Hoy en día vivimos en sociedades donde el sistema educativo, te prepara para trabajar para el Estado o una multinacional. En un mundo que señala a los diferentes y se castiga la originalidad y donde desarrollar la creatividad e imaginación se convierte en un reto, muchos de nuestros sentidos están atrofiados o no han experimentado nada más lejos de lo que han visto u oído. Nos han educado para ser mediocres, para no destacar.

Hoy en día, el sistema educativo sigue desarrollando el taylorismo* de principios del siglo pasado. Hoy por hoy, las personas que destacan en algo en concreto (ya sea en matemáticas, física o química) pero cojean en otros temas (por ejemplo, en otras asignaturas como los idiomas o la litera-

---

* *Taylorismo:* sistema de organización del trabajo y de los tiempos de ejecución de éste que sigue los principios señalados por el ingeniero y economista estadounidense Frederick Taylor (1856-1915).

"El taylorismo intentó cronometrar el tiempo de ejecución del trabajo e ideó un sistema de remuneración que recompensaba el esfuerzo del obrero para de este modo aumentar la producción."

tura), se ven obligadas a dedicar un tiempo y recursos a intentar aprobar dichas asignaturas, tiempo que podrían utilizar para ser mejor en ciencias que creen auténticos expertos y fomentar que los seres humanos dedicaran su tiempo a aquello que les gusta y en lo que son realmente buenos, pero aún seguimos con el Modelo Prusiano.

El modelo **prusiano** es el modelo **educativo** de muchas instituciones y naciones modernas. Se basó en la idea de que todos los niños debían de ir a la escuela, superando ciertos niveles y obteniendo cierto conocimiento, con la excusa de prepararlos para el mundo moderno, pero ¿cuál es la realidad y qué es eso del Modelo Prusiano?

El sistema educativo actual no ha evolucionado desde la época agraria, tal es así que las vacaciones de verano existen porque era la época de cosecha y de trabajo donde las familias requerían más manos para trabajar la tierra; en sí mismas no eran vacaciones, era tiempo de trabajo.

En 1903 la Fundación Rockefeller tenía una gran influencia política en EEUU, ideó un sistema educativo que sirviera para generar empleados; sí, empleados. Para esto se basó en el sistema educativo militar prusiano que utilizó tras Napoleón conquistar Prusia.

La historia de nuestro sistema educativo

La reacción de Prusia y sus filósofos al ser derrotados por Napoleón fue tal que así "Fichte el filósofo germano" dijo a Prusia que la fiesta se había acabado. Los niños tenían que ser disciplinados mediante una nueva forma de condicionamiento universal. Ya no podían ser confiados a sus padres.

Mediante la escolarización obligatoria, todo el mundo aprendería que «el trabajo hace libre», y trabajar para el

Estado, incluso dejando la propia vida a sus órdenes, era la mayor libertad de todas.

Con el tiempo se desarrolló que la clave residía en el poder para nublar las mentes de las personas, un poder posteriormente empaquetado y vendido por los pioneros de las relaciones públicas Edward Bernays y Ivy Lee en la época seminal de la escolarización obligatoria norteamericana.

¿Pero cómo pagar un sistema de educación de la noche a la mañana en una nación devastada por la guerra? La Iglesia, generó especial interés en a través de entender que comenzar un catequismo formativo de educación y conocimientos más tarde se convertiría en una rentable fábrica de devotos cristianos, incluyendo el plan de Martín Lutero de ligar Iglesia y Estado de esta manera.

Napoleón Bonaparte decía *"Enseñar es una función del Estado, ya que ella es una necesidad de la sociedad"*. Esto significa un retroceso respecto de las ideas de Estado y de enseñanza laica que había propuesto la Revolución Francesa. El principal objetivo de éste era crear soldados obedientes de un territorio enemigo recién conquistado.

Esto benefició directamente al Estado y a las familias más ricas y poseedoras de monopolios y oligopolios legales, creando más mano de obra cualificada para:

1. Soldados obedientes para el ejército.
2. Trabajadores para minas y fábricas.
3. Funcionarios civiles bien adiestrados.
4. Empleados para la industria;
5. Ciudadanos que piensen del mismo modo en la mayoría de cuestiones.
6. Uniformidad nacional en pensamiento, palabra y actos.

¿Tiene sentido esto en la Era de la Información?

Primero, no estamos en la era de la información que terminó en 2008 después de reventar la burbuja inmobiliaria. Estamos en la era de la consciencia, donde una vez más volvieron a cambiar las reglas del juego y todavía tienes que creer que es la escuela lo que te va a preparar para la vida. Es como ir a una guerra espacial equipado con un tirachinas.

Hoy en día tenemos a golpe de clic más información de lo que hace más de 100 años podías estudiar en toda una vida. Y la información no deja de crecer. Cuando eres niño intuyes que muchas de las cosas que estás estudiando no las vas a aplicar nunca en tu vida, pero no es hasta que no terminas los estudios superiores hasta que te das cuenta de que no estás preparado para enfrentarte al mundo real.

A lo largo de toda tu preparación, te fuiste especializando cada vez más para entrar en el mercado como una pequeña pieza de un puzzle que ya estaba repartido.

La mayoría de la población crece pensando que necesita ser un especialista en algo y lo más bueno posible en un sector en concreto para poder competir en la sociedad actual, y de hecho, es así mientras mayor sea tu grado de especialidad serás mejor retribuido por tu jefe, aunque nadie te garantiza que sea así, lo que es seguro es que si por otro lado trabajas para el estado por desgracia, vas a cobrar un sueldo fijo seas lo bueno que seas o peor aún seas lo malo que seas.

La sociedad necesita que seas un excelente empleado.

Ser empresario o dueño de negocio requiere otra educación distinta.

Seguro que estás harto de oír sobre gente que deja la escuela y hace fortunas. Hay varios libros muy interesantes sobre estos temas que, seguro que pueden darte una visión más amplia y desarrollada, como "La conspiración de los ricos" de Robert T. Kiyosaki, y "Why we want you to be rich" de Donald Trump, donde desarrollan que dadas las circunstancias hoy en día y la próxima jubilación de los Baby Boomers, es muy probable que todo el sistema que tenemos cambie por completo.

Estoy seguro de que también conoces de muchos profesionales (abogados, doctores, profesores) que quiebran sus proyectos y negocios, aun siendo especialistas que destacaron en su etapa académica y universitaria con buenas calificaciones y pese a tener una administración y dirección de empresas. De hecho, en mi gremio, los profesionales más reconocidos no lo son por sus labores académicas o de investigación, sino por su trabajo como Youtubers (como puede ser Sergio Peinado, David Marchante, o Carlos Demattey). Si lo ponemos en perspectiva, hay gente muy buena construyendo los mejores coches, pero no significa que sea igual de buena conduciéndolos o viceversa.

Plantéate de nuevo tus sueños. Tus sueños van mucho más allá que pagar una hipoteca y casarte, ¿Qué querrías hacer si hubieras nacido rodeado de abundancia?

**Trata a un hombre como lo que es, y seguirá siendo lo que es.
Trátalo como puede y debe ser y se convertirá
como lo que puede y debe ser.
Y EMPIEZA POR TI MISMO.**

"Eres mucho mejor de lo que crees, y no estás solo"

TIM FERRIS

CAPÍTULO 4

Sesgos cognitivos
(los jueces injustos que llevamos dentro)

Tal vez no lo sepas, pero cada vez que emites un juicio sobre algo o alguien y utilizas un criterio o una razón, es probable que lo hagas sesgado por lo que tú crees que es la verdad en función de tus vivencias, experiencias, dogmas de Fe o pensamiento, principios y valores, cultura en la que has crecido y espacio de tiempo en la historia en la que te has desarrollado (*La verdad no existe, la mentira sí,* Capítulo 5).

Los **sesgos cognitivos** son efectos psicológicos que producen una desviación en el procesamiento mental, lo que lleva a una distorsión, juicio inexacto, interpretación ilógica, o lo que se llama en términos generales, irracionalidad, que se da sobre la base de la interpretación de la información disponible.

Valorar toda la información con la que nos encontramos en el día a día es muy difícil y la mayoría de las veces

Había una vez un hombre que tenía cuatro hijos. El hombre buscaba que ellos aprendieran a no juzgar las cosas tan rápidamente; entonces los envió a cada uno por turnos a visitar un peral que estaba a una gran distancia.

El primer hijo fue en el invierno, el segundo en la primavera, el tercero en el verano y el hijo más joven en el otoño.

Cuando todos ellos habían ido y regresado; su padre los llamó, y juntos les pidió que describieran lo que habían visto.

El primer hijo mencionó que el árbol era horrible, doblado y retorcido.

El segundo dijo que no, que estaba cubierto con brotes verdes y lleno de promesas.

El tercer hijo no estuvo de acuerdo, dijo que estaba cargado de flores, que tenía aroma muy dulce y se veía muy hermoso, era la cosa más llena de gracia que jamás había visto.

El último de los hijos no estuvo de acuerdo con ninguno de ellos, y dijo que el peral estaba maduro y marchitándose de tanto fruto, lleno de vida y satisfacción.

Entonces el hombre les explicó a sus hijos que todos tenían razón, porque ellos solo habían visto una de las estaciones de la vida del árbol.

Les dijo a todos que no deben de juzgar a un árbol, o a una persona, solo por ver una de sus temporadas, y que la esencia de lo que son, el placer, regocijo y amor que viene con la vida puede ser solo medida al final, cuando todas las estaciones ya han pasado.

Si tú te das por vencido en el invierno, habrás perdido la promesa de la primavera, la belleza del verano, y la satisfacción del otoño.

No dejes que el dolor de una estación destruya la dicha del resto.

No juzgues la vida solo por una estación difícil.

Aguanta con valor las dificultades y las malas rachas, porque luego disfrutarás de los buenos tiempos.

Sólo el que persevera encuentra un mañana mejor"

todo lo que procesamos es de manera automática, y más con el auge de internet y de las redes sociales. Continuamente tenemos que tomar decisiones, más o menos importantes, basándonos en la información con la que contamos o podemos buscar. Distintos procesos, no siempre fácilmente distinguibles, vinculados a nuestra influencia social, nuestra educación, experiencias, motivación de tipo emocional y moral, procesamiento heurístico (atajos mentales), etc. Estos procesos cognitivos actúan sobre cómo captamos e interpretamos los hechos, la información, o cualquier situación.

CONFIRMANDO AL EGO

Hay alrededor de 300 sesgos cognitivos, aunque la mayoría están relacionados con el sesgo de confirmación que básicamente se encarga de generar juicios rápidos en función de nuestras vivencias y circunstancias para que podamos procesar toda la información con velocidad. Ése es uno de los mayores problemas que tenemos como seres humanos, ya que al actuar de manera automática y no de manera reflexiva para ser más eficientes, acabamos generando discusiones sin darnos cuenta.

Para entender esto y darle sentido a todo lo que muchas veces nos afecta sin ser conscientes de ello, hay que desarrollar la idea de que siempre contamos con la compañía de nuestro propio EGO le hagamos más o menos caso.

Esto nos conducen a que se produzcan sesgos, como el error fundamental de atribución (Gilbert, 1989).

También conocido como sesgo de correspondencia, el error fundamental de atribución, como su nombre indica, afecta y distorsiona las atribuciones que hacemos.

El error fundamental de atribución

Es la teoría que describe cognitivamente la tendencia o disposición a sobredimensionar disposiciones o motivos personales internos cuando se trata de explicar un comportamiento observado en otras personas, dando poco peso por el contrario a motivos externos. Básicamente, justificar nuestro juicio simplemente con lo que conocemos, sin tener en cuenta que lo que no conocemos, pueda ser mucho más que lo que conocemos en sí mismo.

Por ejemplo, basarse en que los perros son malos porque con cinco años un perro te mordió.

Edward E. Jones y Keith Davis (1967) diseñaron un estudio para comprobar cómo funcionaban las atribuciones. En concreto, querían estudiar la forma en la que atribuímos a la crítica una actitud desfavorable, para ello hicieron un estudio con distintos escritores.

Estos tenían que calificar las actitudes de los escritores hacia Fidel Castro. Las atribuciones que hacían eran las mismas que las que le atribuían al contenido del texto. Decían que los que escribían a favor del dictador tenían una actitud favorable a Castro y los que escribían en contra, estaban en contra de él.

Hasta el momento el resultado fue el esperado. Al pensar que los escritores habían escrito con libertad, las atribuciones que se hicieron fueron internas. Cada uno escribía de acuerdo con sus creencias. Sin embargo, a otros participantes se les dijo que los escritores habían escrito a favor o en contra de Castro por el azar.

Se había tirado una moneda al aire y dependiendo del resultado tenían que escribir a favor o en contra. Los experimentadores esperaban que ahora las atribuciones fueran externas, pero, muy al contrario, las atribuciones seguían siendo internas. Si escribe a favor, está a favor; si escribe en contra, están en contra, independientemente de qué motivos los llevarán a escribirlo.

¿Conoces la falacia del coste hundido?

Imagina que llevas un año esperando a que la llegada de un festival y consigues entradas carísimas que te han costado el sueldo de un mes para ir con un amigo. Llegado el día, vais y las expectativas que teníais se hunden por diversas causas y tu amigo te dice.

"Larguémonos de aquí, es el peor concierto que podamos imaginar" y tú respondes "Estos tickets me costaron un riñón".

Tendemos a tomar las decisiones sobre algo incierto en base a las posibles pérdidas que ocasionaría. La del costo hundido emerge cuando nos negamos a abandonar algo poco gratificante porque ya hemos invertido en ello.

Cómo evitarlo: aprendiendo a cortar nuestras pérdidas desde la asertividad, dominando nuestro EGO separando nuestras emociones de nuestras decisiones.

El **sesgo de confirmación** es la tendencia a favorecer, buscar, interpretar, y recordar, la información que confirma las propias creencias o hipótesis.

Se trata de buscar y favorecer la información que **confirma nuestras propias creencias** o hipótesis y desechar la que no lo respalda.

Por ejemplo, en la nutrición hay muchos profesionales que señalan estudios que apoyan que la droga más adictiva para el cuerpo es el azúcar y para ello comparten estudios en los que comparan la adicción de este a la adicción de otras drogas como la cocaína, el tabaco o la morfina.

> El excesivo consumo de azúcar afecta al cerebro de una manera similar a como lo hace la cocaína, según un estudio realizado por investigadores de la Universidad Tecnológica de Queensland (Australia), se ha demostrado que el consumo de azúcar en exceso contribuye directamente al sobrepeso. Pero también se ha demostrado que eleva los niveles de dopamina, que controlan los centros de recompensa y placer del cerebro de una manera similar a muchas drogas como el tabaco, la cocaína y la morfina" (señaló la neurocientífica Selena Bartlett).

Por otro lado, si en lugar de vivir en un ambiente obesogénico o estar rodeado de personas fitness, te encuentras más cerca de personas del mundo de la noche, los cuerpos del estado o la farándula, vas a estar más sesgado por lo que la cocaína y los efectos de esta y otras drogas han tenido sobre amigos o personas cercanas.

> "Cuando la conocí tenía 16 años. Fuimos presentados en una fiesta por un tipo que decía ser mi amigo. Fue amor a primera vista: ella me enloquecía, nuestro amor llegó a un punto, que ya no conseguía vivir sin ella. Pero era un amor prohibido, mis padres no la aceptaron y fui expulsado del colegio y empezamos a encontrarnos a escondidas.

Ahí no aguanté más, me volví loco. Yo la quería, pero no la tenía. Yo no podía permitir que me apartaran de ella. Destrocé el coche, rompí todo dentro de la casa y casi maté a mi hermana, estaba loco... Hoy tengo 45 años; estoy internado en un hospital, soy inútil y voy a morir abandonado por mis padres, amigos y por ella. Su nombre: Cocaína. A ella le debo mi amor, mi vida, mi destrucción y mi muerte".

Este es el último texto que escribió
Freddie Mercury antes de morir
donde habla de cómo la cocaína acabó
con su futuro.

Todos damos más valor a algo en función de nuestras circunstancias y lo que hemos vivido, por eso juzgar alguien está sesgado queramos o no queramos.

LA AUTORIDAD IGNORANTE

Hemos crecido necesitando la aprobación de los demás. Nuestros familiares tutores cuando somos niños. Nuestros maestros, profesores y entrenadores cuando empezamos el aprendizaje. Nuestros amigos y parejas cuando comenzamos a crecer. Nuestros jefes, socios, mentores y asesores cuando empezamos a crear nuestras vidas independientes.

No obstante, antes o después en alguna de esas etapas y por distintas circunstancias, abriremos los ojos y nos daremos cuenta de que muchos de los aprendizajes que hemos recibido y que creemos dogmáticos y que funcionan en cualquier circunstancia no lo hacen. En ocasiones, valoramos demasiado la opinión de un experto, valorando únicamente su prestigio y no sus argumentos. Esto explica porque muchas empresas utilizan deportistas y famosos para anunciar sus productos.

> "Michael Crichton, Míster Bestseller, médico y autor de innumerables bestsellers llevados al cine, quiso estudiar para ser escritor. Se matriculó en Harvard, donde empezó a cosechar malas notas. Desanimado, puso a prueba a su profesor entregándole, como propio, un famoso ensayo de George Orwell. Su profesor ni se dio cuenta del plagio ni le aprobó. Decepcionado, decidió aprender a escribir por su cuenta. Su clave: usar intensivamente la imaginación"

Hoy en día hay personas limitadas por sus padres, por sus entrenadores, por sus profesores, por sus médicos, por sus sacerdotes o guías espirituales. Incluso no sólo personas, ya que puede ser libros, libros que, aunque no estén actualizados haya personas que piensan "si lo pone en un libro será verdad, si lo dice mi médico será verdad), pero aunque tu médico te diga "la verdad" es probable que fuera la verdad que él estudiase en ese momento y no tenga los últimos argumentos que contradicen lo que está diciendo. Lo mismo con cualquier libro de entrenamiento o de nutrición que hace años te prohibía comer hidratos por la noche si querías perder peso, o que necesitabas comer 5 veces al día si no querías perder masa muscular.

E n el primer día de clase, el profesor de "Introducción al Derecho" entró al aula y lo primero que hizo fue pedir el nombre de un estudiante que estaba sentado en la primera fila:

—¿Cuál es su nombre?

—Mi nombre es Nelson, Señor.

—¡Fuera de mi clase y no vuelva nunca más! —gritó el maestro desagradable.

Nelson estaba desconcertado. Cuando volvió en sí, se levantó rápidamente recogió sus cosas y salió de la habitación.

Todo el mundo estaba asustado e indignado, pero nadie habló.

—¡Muy bien!, Vamos a empezar —dijo el profesor.

—¿Para qué sirven las leyes? —preguntó el maestro.

Los estudiantes seguían asustados, pero poco a poco empezaron a responder a su pregunta

—Para tener un orden en nuestra sociedad, dijo uno.

—¡No! –respondió el profesor.

—Para cumplirlas —dijo otro.

—¡No! —volvió a responder.

—Para que las personas equivocadas paguen por sus acciones.

—¡No!, volvió a contestar.

—¿Alguien sabe la respuesta a esta pregunta! Pregunto...

—Para que se haga justicia —dijo una muchacha que habló con timidez.

—¡Por fin! Es decir, por la justicia. Y ahora, ¿qué es la justicia? Repreguntó.

Todos empezaron a molestarse por la actitud tan vil del profesor. Sin embargo, continuaron respondiendo.

—A fin de salvaguardar los derechos humanos —replicó un alumno.

—Bien, ¿qué más? —preguntó el maestro.

—Para diferenciar el bien del mal, para recompensar a aquellos que hacen el bien —se animó a contestar otro estudiante.

—Ok, no está mal, pero respondan a esta pregunta: ¿Actué correctamente al expulsar a Nelson del aula?, dijo el profe.

Todos estaban en silencio, nadie respondió.

—Quiero una respuesta por unanimidad dijo.

— ¡No! – contestaron todos con una sola voz.

— ¿Se podría decir que he cometido una injusticia? pregunto.

— ¡Sí! —dijeron todos.

—¿Y por qué nadie hizo nada al respecto? ¿Para qué queremos leyes y reglas, si no tenemos la voluntad necesaria para practicarlas? Cada uno de ustedes tiene la obligación de hablar cuando es testigo de una injusticia. Todos. ¡No vuelvan a estar en silencio, nunca más! Vayan a buscar a Nelson —dijo. Después de todo, él es el maestro, yo soy un estudiante de otro período. Aprendan que cuando no defendemos nuestros derechos, se pierde la dignidad... y la dignidad no puede ser negociada.

Aunque fuera algo que en ese momento fuera una verdad universal (*La verdad no existe, la mentira sí,* Capítulo 6), lo que sucede es que vivimos en un mundo que está constantemente avanzando y cada vez tenemos más información.

> *"Todo hombre es mejor que yo en algún sentido y en ese sentido puedo aprender de él."*
>
> RALPH WALDO EMERSON

Por eso es muy importante entender que nadie tiene una verdad absoluta y todos podemos estar equivocados y la mejor manera de garantizar tu progreso es dejarlo en manos de ti mismo aprendiendo de todos y cada uno.

NO VUELVAS A SILENCIARTE
CUANDO CREAS QUE NO DEBAS HACERLO

ESCASEZ Y FALSA NECESIDAD

Si hay menos de algo, lo queremos más. **Cuando valoramos más alguna cosa porque escasea caemos en el error de escasez.**

En el libro "Pensar rápido, pensar despacio", Daniel Kahneman nos desarrolla principalmente que el cerebro del ser humano tiene dos maneras de pensar: una automática que funciona la mayor parte del tiempo, y otra reflexiva, Por lo que el ser humano, a pesar de considerarse un ser racional tiene una parte animal que funciona de una manera rápida tirando de recuerdos y subconsciente mucho más manipulable.

De hecho, el marketing ha evolucionado mucho desde sus orígenes hasta la actualidad donde muchas de las campañas que las empresas utilizan cuentan con estos sesgos cognitivos y juegan con ellos manipulando, o mejor dicho, influyendo en nuestras decisiones.

La razón es porque las personas piensan que la escasez indica algo sobre la calidad. La gente piensa: *"si algo es escaso, es porque los demás lo buscan y si lo buscan, será porque es de buena calidad"*.

En un experimento se daba a probar unos dulces a unos estudiantes y se les pedía que hicieran una valoración. Los dulces estaban dentro de un tarro y eran siempre las mismas, pero el tarro a veces se mostraba lleno y a veces casi vacío. Cuando se mostraba casi vacío, unas veces se decía a los estudiantes que era por culpa de un accidente, y otras veces se les decía que era porque habían tenido mucho éxito. Cuando el tarro se mostraba lleno, unas veces se decía a los estudiantes que siempre estaba lleno y otras veces que antes estaba más vacío pero que ahora estaba lleno porque nadie quería los dulces.

Tras el análisis de los resultados del experimento, los investigadores llegan a la conclusión de que los cambios en la disponibilidad de un producto afectan de la siguiente manera:

- Tarro de repente escaso: Cuando un producto era abundante y, de repente, pasa a ser escaso, su valor sube mucho y es más valioso que si siempre hubiera sido escaso. La explicación está en que el sentimiento de pérdida es tan poderoso que las personas pagan un precio muy alto por mantener su anterior nivel de consumo para este producto. Esto explica por qué la estrategia de amenazar con retirar un privilegio a alguien para que haga algo es una estrategia tan efectiva.

- Tarro siempre escaso: Cuando un producto siempre es escaso, su valor es lógicamente más alto que si el mismo producto fuera siempre abundante. Esto explica, en parte, el alto precio de cosas como el oro o los diamantes.

- Tarro escaso por la gran demanda: Cuando algo es escaso porque los demás lo buscan, es mucho más valioso que si algo es escaso simplemente porque se está agotando. Esto explica, en parte, porqué algunos productos suben de precio cuando se ponen de moda.

En otras palabras, las personas dan más valor a aquello que es escaso tan sólo por el hecho de serlo. Cuando nos dicen que hay unidades limitadas o que sólo dura un tiempo determinado, nos fuerza a tomar la decisión más deprisa y muchas veces picamos en el anzuelo.

ANCLAJES EN LA VENTA

Antes de comenzar.

¿Matusalén tenía más, o menos de 140 años?

Algunas personas responderán más y otras menos, pero esta vez pido que anotes la edad de Matusalén en un papel antes de leer la respuesta que lo encontrarás en la página siguiente.

El Anclaje es un sesgo cognitivo que confirma la tendencia humana común a confiar demasiado en la primera información ofrecida (el ancla) al tomar decisiones. Durante la toma de decisiones, el anclaje ocurre cuando las personas usan una información inicial para emitir juicios posteriores.

Una vez que se establece un anclaje, se realizan otros juicios ajustándolos desde ese anclaje, y existe una parcialidad hacia la interpretación de otra información alrededor del anclaje.

Las personas damos demasiada importancia a la primera pieza de información que recibimos, que hace de ancla. Por eso cuando conseguimos negociar el precio de un artículo a menudo sentimos que estamos comprando una ganga.

Cómo evitarlo: estudiando si una oferta es razonable o hemos percibido su valor basándonos en el precio original.

Otro ejemplo de este sesgo son las rebajas en los supermercados: cuando un producto es ofertado como un 30% más barato, asumimos que su precio es conveniente, sin tener en cuenta su valor absoluto o su relación con otros productos.

Efecto ancla + Error de escasez es una combinación que usan a menudo las empresas para hacernos consumir. Y caemos en la trampa una y otra vez. Incluso sabiendo estos errores de lógica podemos caer en ellos.

Espero que conocer o recordar estas artimañas que se usan en la venta te sea tan útiles como me han sido a mí a la hora de controlar mis propios impulsos automáticos.

EDAD DE MATUSALÉN
968 AÑOS

EL EFECTO LINDY

Cuanto más tiempo persiste un elemento artificial, más tiempo es probable que sobreviva. En cambio, algo orgánico es más probable que muera cuanto más larga sea su existencia.

En 1964 cuando un tal Lindy escribió un artículo en una revista norteamericana afirmando que se podía relacionar las expectativas de futuro de un cómico televisivo con el tiempo que llevaba saliendo en televisión. A partir de esta experiencia, el genial matemático **Mandelbrot** y **Nassim N. Taleb** lo comenzaron a desarrollar.

A modo de definición formal, el llamado Efecto Lindy se formula como que cualquier tecnología o elemento no perecedero incrementa su expectativa de vida con cada día de su vida. Pongamos ejemplos. Las pirámides de Egipto o la Muralla China tienen más probabilidades de resistir otros 100 años más de vida que cualquier edificio de innovación que se haya construido durante los últimos 100 años).

Por otro lado, los elementos perecederos, tales como los seres humanos, los animales y las plantas, tienen un tiempo de vida restante menor cuanto más tiempo están en la tierra. Por tanto, hablando en términos de probabilidades, no de verdades absolutas, un libro como la Biblia que se haya mantenido editado durante varios siglos incrementa sus posibilidades de permanecer en oferta durante otro siglo más.

Y, por el contrario, una obra o una tecnología es más frágil y vulnerable al olvido o a la sustitución durante sus primeros años de vida.

Mirémoslo de esta manera, hemos escuchado a Beethoven durante más de doscientos años, a los Rolling Stones durante cuatro décadas, y a Justin Bieber durante aproximadamente una década, lo que implica que podríamos razonablemente esperar que la fama de Justin Bieber dure aproximadamente otra década, mientras que los Rolling Stones se puede esperar que mantengan su vigencia al menos otros cuarenta años, y que Beethoven permanezca sin caer en la oscuridad durante al menos doscientos años más.

En "Antifrágil" encontramos más casos relacionados con este efecto, como los que expuso el matemático Richard Goot, que elaboró dos teorías.

Al parecer un día de 1969 se hallaba contemplando el muro de Berlín y se le ocurrió intentar estimar cuanto tiempo seguiría existiendo el muro, utilizando solamente una variable: el tiempo que llevaba existiendo (en ese momento 8 años). Llegó a la conclusión de que le quedaban aproximadamente 24 años de vida. Y BINGO. El muro cayó en 1989, es decir, "vivió" 20 años.

Tras ese resultado criticaron esa probabilidad y decidió volver a probar suerte. En esta ocasión, más cerca de casa, cogió 44 musicales de Broadway y predijo que los que más tiempo llevaban representándose más tiempo durarían en cartelera. Acertó en un 95% de los casos.

Una de las conclusiones que podemos sacar de esto es la brevedad de la vida del ser humano y que cada día vivos hace que sea más improbable llegar al día siguiente.

A nivel personal, no creo en los dogmas, pero estoy convencido de que vamos a morir antes de lo que creemos por la cantidad inmensa de información que desconocemos sobre lo que nos espera.

> *Apunta tan descaradamente alto que pese a fracasar estrepitosamente llegues más lejos que nadie.*
>
> JAMES CAMERON

La otra conclusión que podemos sacar de esto es que, si vas a hacer algo que quieres que sobreviva y que marque la diferencia, asegúrate de pensar mucho más grande que nadie, de rozar lo absurdo porque es muy probable que no marques la diferencia, así que, ya que te pones a pensar, hazlo en grande.

HITLER Y EL EFECTO HALO

El Efecto Halo consiste en un error asociado a la existencia de escasos datos y elevada incertidumbre en la emisión de un juicio sobre circunstancias o personas, que conlleva afirmaciones exageradas o irreales sobre destrezas, capacidades o atributos de una persona o de una cierta circunstancia.

¿Qué pensarías si te digo que un alcohólico y una prostituta van a tener un hijo? y que además este va a tener problemas desde el nacimiento porque creían que era tonto cuando resulta que estaba sordo. Es probable que pienses que estas personas son irresponsables y que personas así no deberían ser padres. En ese caso seguramente habrías matado a Beethoven.

Si te digo que voy a hablarte de un hombre de familia rica clasista, racista, misógino y discriminado por parte de una sociedad y conocido por haber dormido con niñas me dirías con este criterio sesgado que no quieres saber nada de un impresentable así. Tal vez no lo sepas, pero estamos hablando de Ghandi, líder del movimiento de independencia indio famoso por los movimientos de resistencia no violenta, educado en Inglaterra, pero que no fue hasta que le echaron de un vagón en un tren de manera violenta en la racista Sudáfrica previa a Mandela, que no comenzó a empatizar con las clases pobres que siempre rechazó.

Por otra parte si te digo que Adolf Hitler, uno de los dictadores más famosos del último siglo, conocido por ser responsable de la muerte de aproximadamente 11.000.000 de personas asesinadas entre judíos, gitanos y otros grupos étnicos, sociales e ideológicos en campos de concentración, conocido como uno de los tiranos más grandes de la historia, sería difícil de creer que su alimentación era amante de los animales y de la salud y desarrollo del potencial de físico e intelectual de niños y jóvenes, y que formaba parte de movimientos animalistas.

Todo esto se debe al Efecto Halo

Un individuo es capaz de trasladar la percepción que tienen los demás de sus cualidades positivas o negativas desde un área de la personalidad a otra a través de una única capacidad que arrastra a las demás.

Una persona que es buena o hábil en X es normalmente considerada, con prejuicio, a ser también buena en Y incluso si los dos tópicos no están relacionados, esto es el denominado efecto halo. Por otro lado, una persona conocida por ser mala o torpe en X es normalmente considerada también mala en Y.

El Efecto Halo, junto con otros sesgos cognitivos, tales como el sesgo de autoconfianza o la falacia de la conjunción, permitieron articular un programa de investigación al que se le llama Economía Conductual (D. Kahneman & A. Tversky; 1973)

EL PROBLEMA LUCRECIO Y EL SESGO DE DISPONIBILIDAD

Si las personas comprendiesen verdaderamente las probabilidades que tienen de ganar la lotería, probablemente no comprarían nunca más un billete en toda su vida. Sin embargo, los billetes se continúan imprimiendo y para los organizadores de este negocio, es casi como tener en sus manos una máquina para imprimir dinero.

El sesgo cognitivo de disponibilidad es una tendencia a valorar las probabilidades en base a los ejemplos más sencillos que acuden a nuestra mente. Es decir, como los organizadores de la lotería continuamente ensalzan a los ganadores y se olvidan de los millones de personas que han comprado un billete, pero han perdido. Entonces, nuestra mente sólo se centra en aquellos que han ganado desechando todos los que han perdido (que, irónicamente, es la inmensa mayoría). Desde este análisis, asumimos que tenemos mayores probabilidades de ganar que de perder.

Las personas **sobreestimamos la importancia de la información que tenemos disponible y recordamos con más facilidad.**

Muchas veces me encuentro con personas que me dicen que el alcohol no engorda porque tienen amigos o amigas que beben todos los fines de semana y tienen un buen físico, o incluso puedes pensar que fumar es bueno porque conoces a un fumador de cien años.

Todo esto me vuelve a recordar a la mentalidad de Nassim N. Taleb y cómo realmente nada es predecible porque todo lo hacemos sesgados desde nuestro propio conocimiento, y el conocimiento de lo que no sabemos, pero es mucho mayor el desconocimiento sobre lo que no sabemos.

El problema Lucrecio

Nassim N. Taleb en sus libros, "Antifrágil" y "El cisne negro" nos desarrolla mediante estadística matemática que nada es predecible, y que estar preparados no es suficiente, sino que debemos estar preparados para problemas mayores de los nunca vistos.

Otro de los ejemplos que pone es el Titanic, que cumplía con creces las medidas de seguridad que se exigían en ese momento y, aun así, se ha llevado la vida de cientos de personas.

CAMBIA
ANTES DE QUE TUS
CIRCUNSTANCIAS
TE HAGAN CAMBIAR

Un alcalde japonés en la ciudad de Fudai se empeñó en hacer el muro de contención al mar más grande por si acaso venía un maremoto mayor a los previstos. A pesar de las críticas, construyeron un muro 5 metros superior a lo establecido por otras ciudades. Tras el tsunami de 2011, Fudai quedó intacto mientras que los pueblos cercanos con sus muros de 10 metros desaparecieron.

Por ejemplo, si el terremoto más fuerte registrado en nuestra ciudad fuese de grado 4, nuestro hogar debe estar preparada para uno de grado 6. Redundancia.

La idea del exceso de prevención, o redundancia también se puede relacionar con lo que Nassim N. Taleb llama, **el problema de Lucrecio**. Lucrecio fue un pensador romano popular por su frase *"El tonto cree que la montaña más alta que ha visto es la más alta del mundo.*

LAS LEYES DE PARKINSON

La Ley de Parkinson, enunciada por el inglés Cyril North-cote Parkinson, afirma que "el trabajo se expande hasta llenar el tiempo disponible para que se termine"

Las tres leyes fundamentales de Parkinson son:

1. **"El trabajo se expande hasta llenar el tiempo de que se dispone para su realización."**

    Por poner un ejemplo práctico que todos hemos vivido. Cuando un profesor te dice que tienes dos meses para terminar el trabajo de historia, puede parecer que el tiempo que hay para realizarlo es el tiempo justo, y vamos a utilizar todos nuestros recursos disponibles para ese trabajo igual que si este mismo profesor dice que el trabajo se entrega en solo un mes. Pero a nivel de percepción, siempre vamos a gastar todo el tiempo que nos den para hacer lo mismo.

2. **"Los gastos aumentan hasta cubrir todos los ingresos."**

    Algo que sucede en los primeros cursos sobre inteligencia financiera es enseñarte esta Ley. La mayoría de las veces el problema de las personas (y de los gobiernos), no está en sus ingresos, sino en sus gastos y lo que sucede es que van adaptando a sus ingresos de manera progresiva la misma cantidad de gastos. Por ejemplo, una persona tiene un sueldo de 400$ y entre unas cosas y otras acaba gastando 400$, cuando esa persona consigue un trabajo con un sueldo de 800$ sus gastos aumentan de la misma manera, y ocurría lo mismo con un sueldo de 1.600$.

3. **"El tiempo dedicado a cualquier tema de la agenda es inversamente proporcional a su importancia."**

Parkinson observó que un comité cuyo trabajo es aprobar planes para una fábrica dedicó la mayoría de su tiempo a discusiones sin sentido sobre asuntos relativamente triviales e innecesarios (como qué color usar para pintar las columnas del aparcamiento), mientras dejan de lado los asuntos menos triviales sobre los diseños propuestos de la fábrica en sí, lo cual es mucho más importante, pero también una tarea mucho más difícil y compleja para criticar constructivamente.

El principio de Pareto

Pareto enunció el principio basándose en el denominado conocimiento empírico. Comprobó que la población se reparte entre dos grupos y estableció arbitrariamente la proporción 80/20 de modo tal que el grupo minoritario, formado por un 20% de población, se reparte el 80% de algo y el grupo mayoritario, formado por un 80% de población, se reparte el 20% de la misma riqueza o bien.

> En origen, Pareto estudió la propiedad de la tierra en Italia y lo que descubrió fue que el 20% de los propietarios poseían el 80% de las tierras, mientras que el restante 20% de los terrenos pertenecía al 80% de la población restante.

> Estas cifras son arbitrarias; no son exactas y pueden variar. Su aplicación reside en la descripción de un fenómeno y, como tal, es aproximada y adaptable a cada caso particular.

De manera más general, el Principio de Pareto es la observación (no ley) que la mayoría de las cosas en la vida no se distribuyen de manera uniforme. Por ejemplo:

- El 20% de las consecuencias derivan del 80% de las causas.

- El 20% de los trabajadores producen el 80% de los resultados.

- El 20% de los clientes crean el 80% de los ingresos.

- El 20% de los errores de software causan el 80% de los fallos del software.

- El 20% de los inversores se quedan con el 80% de las ganancias obtenidas en Bolsa, y esto a su vez tiene su origen en el 20% de los valores de una cartera individual.

Herramientas de Pareto en psicología

Medita un poco en lo siguiente:

- ¿Qué 20% de las cosas de mi vida producen el 80% de mi felicidad?

- ¿Qué 20% de las cosas de mi vida son responsables del 80% de mis problemas e infelicidad?

¿Cuánto tiempo pierdes pensando lo peor? ¿Sintiendo miedo? ¿Buscando el lado trágico de los acontecimientos? Recuerda que la constancia en los pensamientos, ya sean buenos o malos, van a tener una enorme influencia en cómo nos sentimos.

CAPÍTULO 5

Domando a un animal Social

Hace casi 25 siglos Aristóteles definió al **ser un humano como un animal social.**

El trabajo en sociedad es una característica que nos da una ventaja adaptativa como especie, responsable muchos de los logros de esta especie, como la escritura o la medicina.

Sin embargo, también lo es de sus más profundas vergüenzas, como son la guerra o la pobreza. Hemos evolucionado como especie, hemos creado canales y medios para comunicarnos más rápido y mejor. Hoy en día para nadie es extraño un televisor, un teléfono o internet. En cambio, a muchas personas aún les cuesta expresar sus sentimientos y emociones, dar las gracias o pedir las cosas por favor. Nuestro lenguaje lleva siglos atascado y todavía no somos capaces de encontrar palabras para expresar muchos de nuestros sentimientos y emociones.

La pertenencia al grupo es el segundo escalafón de la pirámide de las necesidades humanas de Maslow. Ésta establece que cuando las necesidades psicológicas y de seguridad se satisfacen, emerge la necesidad de amor, afecto y pertenencia.

El éxito de la felicidad del ser humano pasa por la pertenencia al grupo y por el dominio de la parte animal del ser humano, mejorando sus habilidades de comunicación y capacidad para relacionarse desde la asertividad y el control de sus emociones.

Hablemos de la asertividad

Supongamos que alguien pide en un restaurante un filete poco hecho y el camarero lo sirve prácticamente calcinado. Una opción sería comérselo sin más, total, tampoco estará malo y evitamos molestar al camarero y personal de cocina. Esta primera respuesta entraría en la clasificación como "pasiva".

Otra opción es la de mostrar nuestra personalidad "agresiva" porque queremos enseñar que nadie nos tomar por bobos y nos sentimos muy indignados. Por último y desde el control de nuestro ego y autoconocimiento podemos elegir el término medio y desde el control de nuestras emociones hacer ver a el camarero que se ha equivocado.

LA MAYORÍA DE LAS COSAS QUE TE GUSTAN
NO TE GUSTARON POR SI MISMAS;
SI NO POR ACEPTACIÓN EMOCIONAL
DE PERTENECER O ENCAJAR
A ALGÚN GRUPO

Tal vez en los últimos siglos el conocimiento fuera de mayor relevancia que la inteligencia emocional. Por suerte, la investigación y el trabajo practico de profesionales como Daniel Goleman nos ha dado mucha luz en cuanto al potencial de la inteligencia emocional y de la importancia de esta en el trato con otros seres humanos. De hecho, durante este capítulo vamos a dar muchas de las herramientas que los grandes autores de la inteligencia emocional, el liderazgo y el trato con otros seres humanos, han desarrollado durante la historia.

Éstas son algunas de las habilidades sociales y canales de comunicación más importantes que conocemos hasta hoy:

• Escuchar

Hay una gran diferencia entre escuchar y oír. Saber escuchar es muy importante en la comunicación con otras personas y, aunque no siempre nos demos cuenta, en ocasiones pasamos más tiempo pendientes de lo que nosotros pensamos y de lo que nosotros decimos en vez de escuchar activamente al otro.

Escuchar de forma activa no es solamente prestar atención a las palabras que salen de la boca del otro interlocutor, sino que consiste en ser plenamente consciente de las emociones y el lenguaje no verbal que la otra persona intenta comunicar.

• Validación emocional

La validación emocional es el entendimiento y expresión de la aceptación de la experiencia emocional de la otra persona, y mejora las relaciones interpersonales puesto que el otro interlocutor se siente comprendido y reconocido.

Cuando alguien siente que está siendo entendido emocionalmente, su confianza hacia la otra persona aumenta y es capaz de abrirse, es decir, verbalizar lo que piensa y siente. Es imprescindible para crear una buena relación con otros individuos.

• Empatía

La empatía es la capacidad para ponerse en el lugar del otro y saber lo que siente o incluso lo que puede estar pensando. Por tanto, es necesaria para poder tener relaciones interpersonales con otros individuos y para saber cómo comportarse frente a los demás. La empatía, además, es clave para adaptarse a las situaciones sociales.

• Pensamiento positivo

Ser positivo no es ser optimista

Ser positivo no es negar la realidad cuando ésta golpea y nos azotan los problemas, negar la realidad es de necios e idiotas, ser positivo va mucho más allá, se trata de decidir poner el foco en la solución en lugar de en el problema. Ser optimista es pensar que las cosas van a ir bien (personalmente soy poco optimista).

Es muy fácil ver lo negativo de las cosas. De hecho, haz la prueba y pregunta a cualquier persona que te diga 4 cosas malas que tiene su día. Estás seguro de que las encontrará con facilidad, en cambio haz la prueba a la inversa y verás como no es tan fácil.

Siempre vas a encontrar personas que sepan encontrar lo negativo, para las que siempre hace mucho frío, o hace mucho calor, tienen poco tiempo o están cansadas.

¿En serio piensan que los demás no tienen frío, calor, poco tiempo, cansancio o problemas?

Cuando una persona no se queja de todo lo anterior no significa que no lo viva, significa que no pone su FOCO en eso.

Tú y solo tú eliges tu manera de ver la vida. No eliges las cosas que te pasan, pero siempre puedes elegir cómo te lo tomas.

Entrena tu mente para ver lo bueno de cada momento.

• Paciencia

Ser paciente es una de las grandes virtudes que podemos poseer, especialmente cuando nos referimos al entorno social. Si no dominamos esta habilidad, cualquier cosa puede molestarnos y convertirse en un gran problema. La paciencia ayuda a estar relajado y a evitar estar más tenso de lo necesario. Antes de estallar en un ataque de ira, mejor tomarse unos segundos para recapacitar. Una buena manera de mejorar esta habilidad es a través del Mindfulness.

Atentos a la historia de la página siguiente y como el dueño de la empresa es capaz de solventar una situación utilizando los elementos de comunicación que acabamos de mencionar.

El éxito en las relaciones pasa por el autoconocimiento y la convicción de querer entender a los demás, por eso la importancia de controlar nuestro propio EGO.

Juan trabajaba en una empresa hacía dos años. Era muy serio, dedicado y cumplidor de sus obligaciones. Llegaba puntual y estaba orgulloso de no haber recibido nunca una amonestación. Cierto día, buscó al gerente para hacer un reclamo:

—Señor, trabajo en la empresa hace dos años con bastante esmero y estoy a gusto con mi puesto, pero siento que he sido dejando de lado. Mire, Fernando ingresó a un puesto igual al mío hace solo 6 meses y ya ha sido promovido a supervisor.

—¡Aja! —contestó el gerente. Y mostrando cierta preocupación le dijo: —Mientras resolvemos esto quisiera que me ayudes con un problema. Quiero dar fruta para la sobremesa del almuerzo de hoy. Por favor, averigua si tienen frutas frescas en la tienda de enfrente. Juan se esmeró en cumplir con el encargo y a los 5' estaba de vuelta.

—Bien, ¿Qué averiguaste?

—Señor, tienen naranjas para la venta.

— ¿y cuánto cuestan?

— ¡Ah! No pregunté.

—Bien. ¿Viste si tenían suficientes naranjas para todo el personal?

—Tampoco pregunté eso...

— ¿Hay alguna fruta que pueda sustituir la naranja?

—No lo sé señor, pero creo que...

—Bueno, siéntate un momento.

El gerente cogió el teléfono y llamó a Fernando. Cuando se presentó le dio las mismas instrucciones que a Juan y en 10 minutos estaba de vuelta. El gerente le preguntó.

—Bien Fernando, ¿qué noticias me traes?

—Señor, tienen naranjas, suficientes para todo el personal, y si prefiere, tienen plátanos, melones y mangos. La naranja está a

3 €/kg; el plátano a 4 €/kg, el mango a 2 €/kg y el melón a 5 €/Kg. Me dicen que si lo compran por cantidades nos harán descuento del 10%. Dejé separadas las naranjas, pero si usted escoge otra fruta debo regresar para confirmar el pedido.

—*Muchas gracias, Fernando. Espera un momento.*

Entonces se dirigió a Juan que seguía allí:

—*Juan, ¿qué decías?*

—*Nada señor... eso es todo. Con su permiso.*

Sintoniza más canales y descubre el tuyo

¿Qué canales de comunicación se desarrollan en PNL? (Programación Neurolingüística)

Verás, según la PNL, todos tenemos un canal por el que recibimos mejor la información del resto del mundo. De hecho, seguramente te habrás preguntado alguna vez, porque hay personas que saben llegar mejor que otras a los demás, y no es solo porque sean buenos comunicadores a nivel de expresión oral, sino porque utilizan todos los canales posibles a la hora de mandar su mensaje.

Canal Visual

Las personas que utilizan este canal para comunicarse perciben mejor su entorno a través de la vista. Se trata de personas a las que el archiconocido refrán 'ver para creer' las define muy bien. Disfrutan con actividades agradables a la vista (cine, teatro, danza, paisajes...) y suelen hablar más rápido y en un tono más alto de lo habitual y utilizan un lenguaje parecido al "¿Has visto?" "ese color es precioso" "Fíjate en eso" etc. Necesitan mantener un contacto visual con la persona con quien hablan.

Ejemplo de comunicación Visual

Si una persona dice "veo un futuro oscuro" es porque, efectivamente, existe una imagen mental que es "oscura" respecto de su futuro para ella.

¿Qué le respondo a esta persona? Trato de ayudarla a que "vea la luz", otra imagen más clara... puedo animarla diciéndole algunas palabras como **"tratemos de dar luz y claridad a tu futuro"**.

Canal Auditivo

Las personas que utilizan el canal auditivo perciben mejor su entorno mediante el sentido del oído. Como es lógico las actividades con las que más disfrutan son aquellas relacionadas con la escucha (música, contar historias, interactuar con otras personas...). Además, se caracterizan por emplear muy a menudo expresiones como: "oye", "escucha", "a decir verdad" o 'me gustaría expresar mi opinión'. Escuchan a la persona con quien hablan, pero a veces sin necesidad de mirarla.

Ejemplo de comunicación auditiva

Si una persona dice "No he oído nada bueno de esa persona" es porque, efectivamente, existen rumores en su cabeza que no son buenos respecto a esa persona.

¿Qué le respondo a esta persona? Puedes usar "no te creas todo lo que oigas" o, también, "he escuchado rumores sobre ti que no corresponden con la realidad"

Canal Cinestésico

Este tipo de personas perciben mejor el mundo a través los sentidos del tacto, gusto y olfato. Las actividades físicas y las relacionadas con el contacto con otras personas son sus favoritas. Se caracterizan por adoptar habitualmente posturas muy distendidas. Perciben mucho la temperatura, el tacto, el olor, etc. Tienen una memoria más bien "muscular", son más lentos para asimilar información, pero una vez que lo consiguen es difícil que se les olvide. Les gusta tener contacto con quien están hablando.

Ejemplo de comunicación Cinestésica

Si una persona dice "tengo muy buenas sensaciones con esta persona" es porque, efectivamente, existe una conexión cinestésica con el tacto el gusto o el olor de esa persona, por lo que es importante en el trato con estas personas no sólo cuidar una buena comunicación verbal o auditiva sino acompañar con una presencia física acorde a su comunicación.

Todos estos conocimientos se pueden utilizar y aplicar en la oratoria y para conocer cómo prefieren las personas comunicarse con nosotros.

Un buen orador debe conocer y ser capaz de manejar todos los canales. Para que su discurso sea afectivo conviene que hable claro, que sepa manejar y variar el tono, que trabaje con soltura trabajar con el contenido visual y controle y maneje a conciencia los movimientos corporales. Sólo así será capaz de llegar a todos los públicos.

Por eso es muy importante llegar a los demás por todos los canales de comunicación posible. Si eres muy bueno en tu expresión oral, pero tu lenguaje corporal es inseguro, o no hueles bien es probable que, aunque llegues a muchas personas por el canal auditivo, te dejes a un gran número de personas que no percibirán lo que te gustaría transmitir por otros canales infra desarrollados. Por eso, es muy importante conocer estos canales y a nosotros mismos para saber cuál de todas estas vías son las mejores de cara a la comunicación.

INFLUENCIA Y NEURONAS ESPEJO

En 1996 el equipo de Giacomo Rizzolatti descubre las neuronas espejo, esto es cierta clase de neuronas que se activan cuando un animal ejecuta una acción y cuando observa esa misma acción al ser ejecutada por otro individuo. ¿Te suena haber bostezado alguna vez y habérselo transmitido a otra persona, o que una persona te lo ha transmitido a ti?

Recuerda que tú decides como sentirte

CUANDO APRENDES QUE PUEDES SENTIR LO QUE PREFIERES O ELIGES, EMPEZARÁS A ENCAMINARTE POR LA VERDADERA SENDA DE LA "INTELIGENCIA". UNA SENDA NUEVA PORQUE TÚ CONSIDERARÁS A UNA EMOCIÓN DADA COMO UNA OPCIÓN Y NO COMO UNA CONDICIÓN DE LA VIDA. ESTE ES EL MEOLLO Y EL ALMA MISMA DE LA LIBERTAD PERSONAL.

Debes confiar en tu capacidad de sentir emocionalmente lo que decidas sentir en cualquier momento de tu vida. Todos hemos crecido creyendo que no podemos controlar emociones, la ira, el miedo, el odio, al igual que el amor o el éxtasis y la alegría, son cosas que te pasan.

En las neurociencias se supone que estas neuronas desempeñan una función importante dentro de las capacidades cognitivas ligadas a la vida social, tales como la empatía (capacidad de ponerse en el lugar de otro) y la imitación. De aquí que algunos científicos consideran que la neurona espejo es uno de los descubrimientos más importantes de las neurociencias en la última década.

Voy a contarte una historia:

> En cierta ocasión, fui a visitar a un amigo al que llevaba tiempo sin ver, al salir de la cafetería donde quedamos le acompañé a un kiosco para comprar el periódico del día. Cuando llegamos el dueño del kiosco le trató de una manera seca, distante y con unos modales bastante mejorables. Aún así mi amigo sonreía y seguía siendo amable lo que fue para mi una sorpresa por lo que le pregunté: —¿Cómo es posible que hayas sido amable con él? ¿Cómo te dejas tratar así? Yo si fuera tú no vendría más le dije.
>
> —Claro que vendré a comprar aquí y seguiré siendo amable con él.
>
> Yo no entendía nada.
>
> —¿Pero tú te estás escuchando? ¿Por qué deberías seguir siendo amable y venir a este sitio, cuando podrías comprarlo en otros kioscos?
>
> —Porque nadie va a decidir por mi como he de comportarme. Yo decido adónde ir y las emociones que hay en mi corazón.

Cuando alguien está triste y te transmite esa tristeza, o cuando alguien está enfadado y te grita, te transmite su enfado. Lo mismo que si alguien está de buen humor te lo

Mahoma estaba viajando por un camino con su discípulo Alí.

Apareció un enemigo de Alí, le paró y empezó a insultarle. Alí escuchó pacientemente todos sus insultos, mientras sus ojos reflejaban amor y devoción. Escuchaba la charla tóxica de su enemigo como si este le estuviese alabando. Tenía una paciencia infinita, pero finalmente la acabó perdiendo, y empezó a reaccionar poniéndose al mismo nivel que su enemigo. Se le llenaron los ojos de rabia y empezaron a aporrearle el corazón nubes de odio y de venganza. Su mano estaba a punto de desenvainar la espada.

Hasta ese momento, Mahoma estaba sentado observándolo todo tranquilamente. De repente, se levantó y se alejó en otra dirección dejando a Ali y a su rival donde estaban. Al verlo, Alí se quedó sorprendido y decepcionado con Mahoma.

Después, cuando Mahoma volvió a acercarse, le preguntó: "Explícame porqué cuando el enemigo se ha enfrentado a mí, te has alejado y me has dejado solo. ¿Acaso no es como abandonarme a las puertas de la muerte?".

Mahoma respondió: "Amado mío, no hay duda de que ese hombre era muy violento y cruel, y sus palabras también estaban cargadas de una rabia incontenible. Sin embargo, me alegré de ver que seguías estando tranquilo y amoroso. En ese punto, me di cuenta de que te estaban defendiendo y colmando de buenos deseos los Díez guardianes que te había enviado Dios. Gracias a tu amor y a tu perdón, estabas a salvo; pero, en cuanto tu corazón dejó de sentir compasión y se endureció, y tus ojos empezaron a brillar con llamas de venganza, me di cuenta de que los guardianes te habían abandonado, y de que era el momento correcto para que yo también me fuera. Dios mismo té había dejado solo.

puede transmitir igualmente, pero solo podrá hacerlo si tú no eres consciente de ello y dejas influir por esas neuronas espejo.

Recuerda que cuando eres consciente de una emoción puedes aumentarla o atenuarla para utilizarla a tu favor. Por ejemplo, cuando alguien está enfadado contigo, puedes practicar cómo será tu reacción ante ella. Lo mismo cuando alguien es excesivamente dulce y no quieres dejarte seducir. El control de tus emociones y la asertividad es lo que va a marcar como te sientes al final. Recuerda que al igual que tus bíceps, tus piernas o tu corazón, puedes entrenar tus emociones.

La sonrisa, tiene la capacidad de alterar el circuito de la angustia ya que está mandando un mensaje al cerebro de que todo está bien.

Esto es una historia real, del doctor Mario Alonso Puig, cirujano especialista en cirugía general y del aparato digestivo de la Universidad de Harvard, no es un cuento de fantasía de positivismo vacío sin sentido. Aprende a ver la vida desde el prisma adecuado y **no olvides sonreír a la vida y la vida te devolverá la sonrisa.**

> *"Ver lo que tienes delante de tus narices requiere un esfuerzo constante."*
>
> George Orwell

Atentos a esta historia de cómo pueden influir las emociones cuando no somos conscientes de ellas.

Nunca olvidaré cuando en primer año de instituto fui a ver un partido de Basket con mi amigo Erik. Comencé a burlarme de uno de los jugadores que siempre estaba en el banquillo. Era un buen tipo y siempre había sido generoso conmigo, pero muchas otras personas se estaban burlando de él, así que pensé que debía hacerlo también. Esto hizo reír a Erik. Después de haber criticado a este tipo durante algún rato, resultó que me volví y, para mi horror, vi a su hermano menor que estaba sentado detrás mía.

Había oído todo. Nunca olvidare la expresión de traición en su rostro. Volviéndome rápidamente, quede en silencio durante el resto del partido. Me sentí como un completo imbécil, que se hacía cada vez más pequeño. ¡Vaya si aprendí esa noche una importante lección sobre la lealtad!

Sᴇᴀɴ Cᴏᴠᴇʏ
Texto extraído de "Los 7 hábitos de los adolescentes altamente efectivos en la era digital"

Sé leal, no solo cuando estés en su presencia, sino especialmente cuando no estén presentes. **Cuando hablas a espaldas de los demás, solo te haces daño a ti mismo.**
Asegúrate de ser tú el dueño de tus emociones.

El poder de una sonrisa

Una mujer llamada Marga, fue a la consulta de un cirujano del estómago tras decenas de pruebas en las que su dolor de estómago no cesaba de amargarle la vida. El cirujano un doctor estudioso de la mente y catedrático en Harvard observó la normalidad de todas las pruebas y comprobó que, pese a estar medicada con omeprazol en máxima dosis Marga sufría mucho, y entonces el doctor le hizo una pregunta:

— ¿Hay algo en tu vida que te genere mucha tensión? —ella se quedó pensando y respondió valorando sus circunstancias que era una persona a la que se podía decir que las cosas le iban bien.

El doctor no se quedó ahí y reformuló la pregunta de manera más concreta:

—Le hablo de algo sencillo, pero que le ocurra todos los días y le genere mucha tensión.

A lo que Marga respondió pensándolo: — Ya se doctor, mi jefe... ¡no le aguanto!

El doctor respondió:

— ¡Pues ya tenemos solución!

Marga se quedó extrañada y preguntó:

— ¿Me van a hacer otra endoscopia? ¿me subirá la dosis de omeprazol?

—No, no a partir de ahora cada vez que vaya a su trabajo y vea a su jefe, le va a sonreír —respondió el doctor.

La mujer se quedó mirando al médico como si éste estuviera loco o fuera imbécil y respondió con ímpetu:

— *¡MI JEFE NO SE LO MERECE.*

El doctor insistió:

—*No lo haga por él hágalo por usted.*

Ella añadió irritada:

—*No me va a salir.*

El doctor sabía que debía insistir y le dijo:

— *¡Pues finja! ¿Cuánto tiempo lleva usted con dolor de estómago?*

Marga respondió:

—*Tres años...*

— *¿Y cómo sigue así? ¿Es horrible porque no lo prueba? Respondió el doctor.*

Finalmente, ella marchó y el doctor no tenía esperanzas en que su paciente fuera a hacerle caso.

Varias semanas más tarde, el doctor volvió a tener cita con Marga y nada más entrar por la puerta ella exclamó:

— *¡Doctor, si no lo veo no lo creo! Cuénteme respondió el doctor.*

—*El primer día tuve que utilizar todos los músculos de mi cuerpo para esbozar la sonrisa más tenue, pero conforme fue pasando el tiempo, sucedieron cosas muy curiosas. La primera es que mi jefe comenzó a cambiar. La segunda es que el dolor se fue reduciendo mágicamente. Pero la tercera fue muy llamativa, verá, yo no le dije que además de omeprazol estaba tomando Almax (un medicamento para el dolor de estómago) y mis compañeros de la oficina se dieron cuenta que deje de tomar este producto y claro me preguntaron que por qué deje de tomarlo, a lo que les respondí que tras haberme tratado con usted dejó de dolerme el estómago, por lo que doctor, ¡prepárese porque van a venir todos!.*

¿QUIERES UNA RELACIÓN?

¿Estás seguro?

Demasiadas personas tienen como **META** de vida tener una relación, casarse y tener hijos. Por tanto, cuando lo consiguen (si no antes), comienzan las crisis.

Películas de Disney, influencias de Hollywood, revistas del corazón, presiones sociales, familiares e incluso últimamente presiones económicas son causas y agentes externos a ti mismo que han podido influir en tu necesidad de no querer estar solo.

Haz la prueba, pregunta a un amigo o a una amiga ¿Cuál es el criterio para empezar una relación?

Te responderán que, por compartir gustos, aficiones, carácter, o forma de ser. Estos son argumentos realmente válidos, pero que si no tenemos en cuenta una pregunta previa la estadística nos indica que estamos abocados al fracaso.

> A lo largo de 2017 un total de **102.341 parejas decidieron separarse e interrumpir su convivencia**, una cifra que se mantiene prácticamente estable con un aumento del uno por ciento respecto al año anterior.

SOMOS LOS ÚNICOS
RESPONSABLES
DE A QUIÉN O A QUIENES
DEJAMOS ENTRAR EN NUESTRA VIDA,
Y LA CALIDAD DE LO QUE ENTRE
SOLO DEPENDE
DE NUESTRO AMOR PROPIO

La primera pregunta cuando quieres tener una relación es.

¿Por qué quieres tener una relación?

Tal vez no quieres tener una relación. Tal vez sólo quieras sexo esporádico, un confidente, o sentirte querido. El ser humano suele querer lo que no tiene, y cuando sufrimos ciertas presiones o bloqueos sociales, esto desemboca en circunstancias que muchas veces aparecen por no conocernos lo suficiente.

ESTAMOS
MÁS CONECTADOS
QUE NUNCA
Y PARADÓJICAMENTE
SOMOS LA SOCIEDAD
MÁS SOLITARIA
EN LA HISTORIA
DE LA HUMANIDAD

Eso significa que las personas ya no se comportan como lo hacían en las tribus de antaño donde las relaciones entre seres humanos antes de las influencias religiosas y todos los tabúes correspondientes permitían que las personas fueran mucho más cercanas las unas con las otras y donde los sentimientos y sensaciones eran más cercanas a las animales por lo que el contacto físico era mucho más frecuente que en esta época donde aún somos víctimas de una represión religiosa, familiar y social que impide a muchas personas seguir su propio instinto en lugar de lo políticamente correcto.

ENAMÓRATE DE LOS HÁBITOS,
LOS PRINCIPIOS Y LOS VALORES
DE UNA PERSONA
Y EMPIEZA POR LOS TUYOS
PROPIOS

Es importante dar y recibir abrazos con frecuencia, realizar actividad física al sol y mantener contacto constante con otros seres humanos. Incluso es importante cuestionarse si practicar sexo es incómodo o tabú en tus ambientes, debido a que estas actividades nos hacen segregar oxitocina, serotonina, endorfinas y dopamina que por otro lado cumplen con las necesidades químicas y biológicas a nivel de contactos humanos, permitiendo que, si éstas están estables, no tengamos la necesidad de buscar a nadie para que nos las cubra cuando somos nosotros mismos quien las cubrimos.

Es importante ser una persona activa dueña de sus decisiones y controlar sus emociones.

LAS PERSONAS DEBEN PONER EL FOCO
EN ELLAS MISMAS PARA GENERAR VALOR,
DEBEN PONER EL FOCO EN ELLAS MISMAS
PARA MEJORAR LA RELACIÓN
NO EN LA PROPIA RELACIÓN

No empiezas con alguien por cómo te trata en una relación, sino por cómo vive, por cómo se trata a sí mismo y como trata a los demás.

NO HAY UNA RECETA

Nadie sabe cómo tener una relación de éxito.

En las películas creemos que todo es fácil. Claro, nos sentamos durante una hora en la que pasan semanas, meses o incluso años donde empatizamos con los protagonistas, entendemos su viaje, su dolor y cuando consiguen ese éxito y apagan las luces volvemos a nuestras vidas motivados pensando en cómo hemos visto que se solucionan o consiguen las cosas (nada más lejos de nuestras distintas realidades).

Todo el mundo es distinto y tiene experiencias vitales que nos hacen diferentes.

No hay una receta. Yo no la tengo ni he leído a nadie que la tenga. Lo único que vas a encontrar son fórmulas que funcionaron a unas personas concretas en unas circunstancias concretas.

Por poner un ejemplo frívolo, gracias a la prensa del corazón hemos visto como personas públicas empiezan y terminan relaciones y cómo el problema no está en el éxito o reconocimiento social de estas personas, ya que todos somos humanos y pese a la influencia que damos o recibimos no hay nadie que se salve de estos paradigmas sociales.

QUIEN NO ES FELIZ CON LO QUE TIENE, NO SERÁ FELIZ CON LO QUE TENGA

Ni una pareja de guapos y exitosos actores tiene garantizado el éxito de una relación.

Y una cosa más, hay algo que puedes entender y sacar partido porque la ciencia está tomando cartas en el asunto y es entender cómo funciona el ser humano.

Sesgos cognitivos, necesidades humanas, consciencia, importancia de neurotransmisores y químicos naturales son muchos de los temas que hemos desarrollado en este libro y que pueden darte una idea a la hora de mirar a tu alrededor e incluso a ti mismo.

Cuando te conoces a ti mismo es más fácil conocer a los demás.

Uno de los pasos para tener éxito en una pareja es LA ADMIRACIÓN. La admiración debe ser más que el cariño. De hecho, estoy seguro de que todas las relaciones que has tenido han comenzado por una curiosidad y admiración hacia una persona que, además, genera cariño.

Estoy seguro tienes un cariño inmenso a muchos amigos y familiares, pero tal vez tu relación hacia ellos no está basada en la admiración.

Una mujer publicó un mensaje en el portal financiero de un diario de los Estados Unidos **pidiendo consejos sobre la manera idónea de encontrar un marido millonario.** Si la situación ya de por si es de risa, lo mejor fue la respuesta que recibió de un hombre que asegura que tiene mucho dinero.

Mensaje que escribió la mujer:

> Soy una chica hermosa (yo diría que muy hermosa) de 25 años, bien formada y tengo clase. Quiero casarme con alguien que gane como mínimo medio millón de dólares al año.
>
> ¿Tienen en este portal algún hombre que gane 500.000 dólares o más? Quizás las esposas de los que ganen eso me puedan dar algunos consejos.
>
> Estuve de novia con hombres que ganan de 200 a 250 mil, pero no puedo pasar de eso, y 250 mil no me van a hacer vivir en el Central Park West.

Conozco a una mujer de mi clase de yoga, que se casó con un banquero y vive en Tribeca y ella no es tan bonita como yo.

Entonces, ¿qué es lo que ella hizo y yo no hice? ¿Cómo puedo llegar al nivel de ella?

Rafaela S.

Respuesta del millonario:

Leí su consulta con gran interés, pensé cuidadosamente en su caso e hice un análisis de la situación. Primeramente, no estoy haciéndole perder tiempo, pues gano más de 500 mil por año.

Aclarado esto, considero los hechos de la siguiente forma: Lo que Ud. ofrece es simplemente un pésimo negocio.

He aquí los por qué: Dejando los rodeos de lado, Ud. pone la belleza física y yo pongo el dinero.

Propuesta clara, sin recovecos. Sin embargo, existe un problema. Con seguridad, su belleza va a decaer, y un día va a terminar, y lo más probable es que mi dinero continúe creciendo.

Así, en términos económicos, Ud. es un pasivo que sufre depreciación y yo soy un activo que rinde dividendos. Ud. no sólo sufre depreciación, sino que, como hasta es progresiva.

Aclarando más, Ud. tiene hoy 25 años y va a continuar siendo linda durante los próximos 5 a 10 años. Esto quiere decir, que Ud. está hoy en "alza", en la época ideal de ser vendida, no de ser comprada.

Usando el lenguaje de Wall Street, quien la tiene hoy la debe de tener en "trading position" (posición para comercializar), y no en "buy and hold" (comprar y mantener), que es para lo que Ud. se ofrece.

Por tanto, todavía en términos comerciales, el casamiento no es un buen negocio a medio o largo plazo, pero alquilarla puede ser en términos comerciales un negocio razonable que podemos meditar y discutir usted y yo.

Yo pienso que mediante certificación de cuán "bien formada, con clase y maravillosamente linda" es, yo, probable futuro locatario de esa "máquina", quiero lo que es de práctica habitual: Hacer una prueba, o sea un "test drive" para concretar la operación.

En resumidas cuentas: como comprarla es un mal negocio, por su depreciación constante, le propongo alquilarla por el tiempo en que el material esté en buen uso. Esperando noticias suyas, me despido cordialmente.

Atentamente: "Un millonario".

MÉTODO SOCRÁTICO

Sócrates, "el tábano de Atenas", fue uno de los más grandes filósofos que ha habido. Hizo algo que sólo un puñado de hombres han podido lograr en toda la historia: cambió radicalmente todo el curso del pensamiento humano. Y, ahora, venticuatro siglos después de su muerte, se le honra como a uno de los hombres más hábiles para persuadir a los demás.

¿Sus métodos? ¿Corregir a los demás? Evidentemente no. Era demasiado inteligente para eso.

El "método socrático", se basaba en HACER PREGUNTAS. Obtener una respuesta de "sí, sí". Hacía preguntas con las cuales su interlocutor tenía que estar forzosamente de acuerdo. Seguía ganando una afirmación tras otra, hasta que tenía un montón de "síes" a su favor. Seguía preguntando, hasta que por fin casi sin darse cuenta su adversario se veía llegando a una conclusión que pocos minutos antes habría rechazado enérgicamente. (En el Capítulo 6 desarrollamos la importancia de hacer preguntas de calidad)

Sé inteligente, sé como Sócrates

Los chinos tienen un proverbio lleno de la vieja sabiduría oriental: *"Quien pisa con suavidad va lejos"*.

Cuando los mongoles invadieron China en el siglo XII, amenazaban con destruir una cultura que había prosperado durante más de 2.000 años. Su líder, Gengis Khan, no veía nada en China más que un país que carecía de pasto para sus caballos y decidió destruirlo todo, arrasar las ciudades, ya que sería mejor exterminar a los chinos y dejar que creciera la hierba. No fue un soldado, o general, ni un rey el que salvó a China de la devastación, sino un hombre que se llamaba Yelu Ch'u-Ts'ai. Él, que también era extranjero, había llegado a apreciar la superioridad de la cultura china. Consiguió llegar a ser El consejero de Gengis Khan y le convenció de que podía sacar grandes riquezas del lugar si, en vez de destruirlo, simplemente cobraba impuestos a todos sus habitantes. Khan vio la sabiduría que había detrás de esto e hizo lo que le había aconsejado Yelu Ch'u-Ts'ai.

Cuando Khan tomó la ciudad de Kaifeng, después de un largo asedio, decidió masacrar a sus habitantes como había hecho, Yelu Ch'u-Ts'ai le dijo que los mejores artesanos ingenieros de China habían huido a Kaifeng y que sería mejor ponerles a trabajar. Kaifeng se salvó. Nunca antes había mostrado tanta Piedad Gengis Khan. En realidad, no era piedad lo que salvó a Kaifeng. Yelu Ch'u-Ts'ai conocía muy bien a Khan. Era un campesino bruto al que no le importaba la cultura, y nada que no fuera la guerra o los resultados prácticos. Yelu Ch'u-Ts'ai optó por aplicar la única emoción que podía mover un hombre como éste: la avaricia.

EL INTERÉS PERSONAL
ES LO QUE MUEVE A LAS PERSONAS,
SI LES HACES VER QUE NOSOTROS PODEMOS
ATENDER SUS NECESIDADES Y CAUSAS,
SU RESISTENCIA INICIAL A NUESTRA
PETICIÓN DESAPARECERÁ

Atento a la siguiente historia

Hace mucho tiempo un hombre rico ofreció una fiesta, a la que también asistió el rey. Cuando los invitados empezaron a divertirse, en cambio, su alegría se tornó en ira. Uno de sus esclavos le tiró un plato de comida caliente y le quemó un pie. Sus ojos echaban chispas y el esclavo supo que tenía las horas contadas. Cuando una persona no tiene salidas se agarra a un clavo ardiendo y en su defensa citó: "Aquel que controla su ira irá al cielo".

El amo le oyó. A pesar de su ira se controló y dijo: "No estoy enfadado". Al oírle los invitados hasta el rey le aplaudieron. Su enfado se transformó en orgullo. Entonces, el esclavo volvió a decir: "El cielo es de quien perdona".

El amo le dijo: "Te perdono".

Ahora el rico parecía muy piadoso a los ojos de sus invitados que le tenían por un explotador cruel y se sorprendieron. El rey lo miraba como alguien superior a él. Finalmente, el esclavo completó la frase de las escrituras: "...porque dios ama a las personas compasivas".

El rico miro alrededor. Su mirada siempre expresó codicia por lo mundano, que esta vez se convirtió en codicia por el más allá, y dijo al esclavo: "Vete, te libero" y le dio una bolsa de oro.

La ira de su mirada se convirtió en orgullo y este en codicia.

Ira, codicia, odio, miedo... ¿acaso no provienen de la misma fuente? ¿No se apoya la religión en los pilares del miedo y la codicia?

**Conocer las emociones y los anhelos de los demás
es la mejor manera de generar influencia hacia ellos**

ELIMINA LA NAVIDAD Y TU FECHA DE CUMPLEAÑOS

A todos nos encantan los regalos, pero, honestamente, de los últimos diez años, pese a haber recibido cientos de regalos ¿cuántos de ellos recuerdas?

Todos estamos programados para en estas fechas prepararnos para un consumo que NO NECESITAMOS, pero al que casi ESTAMOS OBLIGADOS. Y no participar nos excluiría de un movimiento social, haciéndonos parecer distantes a la vista de otros o incluso mostrar cierta alexitimia.

Lo peor es GENERAR EXPECTATIVAS de regalos cuando encima no los necesitas.

Paradójico y frustrante. ¿No te ha pasado que te han preguntado: "¿qué querías?" y has pensado que tenías todo, porque a día de hoy puedes comprar todo durante el año, ropa, zapatillas, libros, etc.

Y que lo único que quieres es el detalle de que se acuerden de ti y **formar parte de algo.**

Cuando me pongo a pensar en todo lo que quiero, pienso en pocas cosas materiales. Pienso en salud, en ilusión, en disciplina, en respeto, en hacer mejor la vida de las personas que tengo cerca y en muchas de las que no están tan cerca.

Sigo adelante, sigo aprendiendo, sigo viviendo y conociendo personas y lugares que me han marcado y me han hecho ser como soy hoy.

De dónde vienen las Navidades

Celebrar el fin de año es una antigua costumbre. Los romanos celebraban la Saturnalia, el festival de Saturno, dios de la cosecha entre el 17 y el 23 de diciembre. Era el festival más alegre del año. Todo el trabajo y el comercio se paraban, y las calles se llenaban de multitudes y una atmósfera festiva. Los esclavos eran liberados temporalmente y las casas se decoraban con ramas de laurel. La gente se hacía visitas, llevando velas de cera y pequeñas figuritas de barro como regalo.

Mucho antes del nacimiento de Cristo, los judíos celebraban la fiesta de la luz en la misma estación, que duraba ocho días. Se cree que los pueblos germánicos celebraban un gran festival no sólo en el solsticio de verano, sino también en el solsticio de invierno, cuando festejaban el nacimiento del sol y honraban a los grandes dioses de la festividad Wotan y Freya, Donar (Thor) y Freyr.

Incluso después de que el emperador Constantino declarase que el cristianismo era la religión oficial del imperio romano, no pudo ser completamente suprimida la evocación de la luz y la fertilidad, como un componente importante de las celebraciones precristianas del solsticio de invierno. En el año 274, el emperador romano Aurelio estableció el culto oficial Del dios solar Mitra, declarando que el día de su nacimiento, el 25 de diciembre, era fiesta nacional. El culto de Mitra, el dios ario de la luz, se había extendido desde Persia, a través de Asia menor, hasta Grecia, Roma llegando incluso a los territorios germánicos y Bretaña. Las numerosas ruinas de sus santuarios todavía dan testimonio de la alta estima en que tenían a este dios especialmente las legiones romanas, como dispensador de la fertilidad, la paz y la victoria. Así que fue un inteligente movimiento en el que en el año 354 la Iglesia cristiana bajo el Papa Liberio adoptará el nacimiento de Mitra y declarara que el 25 diciembre era el día del nacimiento de Jesucristo.

Neue Zürcher Zeitung,
Anne Susanne Rischke
(25 diciembre de 1983)

Si después de leer este texto sigues sin identificarte con las Navidades, te propongo una cosa que llevo haciendo desde hace algún tiempo.

Tu cumpleaños

De la misma manera que con las navidades ocurre con los cumpleaños. A través de ellos, al igual que le pasó a Jesús de Nazaret (cuando nació que recibió oro, incienso y mirra por parte de los reyes de Oriente), hemos llevado la abundancia a costumbre. No distinguimos de un regalo de compromiso a uno con autentico valor.

Elimina dichas fechas, junto a tu propio cumpleaños de tu calendario. De esta manera, dejarás de estar condicionado por ciertas fechas y podrás liberarte sin tener que esperar a que lleguen las circunstancias adecuadas para celebrar lo que te apetezca, cuando te apetezca y, de hecho, tener una ventaja competitiva en las relaciones humanas: cuando

TODOS regalan para fechas de cumpleaños o para fechas especiales como "el día de la madre" o "San Valentín", creadas a partir del consumo, nosotros podremos aprovechar circunstancias distintas que favorezcan nuestros intereses de cara a satisfacer las necesidades o el ego de otras personas, en lugar de nuestro propio Ego.

A continuación, una reflexión a partir del mensaje de Robert Greene en "El arte de la seducción":

> "Rara vez pensamos antes de hablar. Corresponde a la naturaleza humana decir lo primero que se nos ocurre, y por lo general es algo sobre nosotros. Utilizamos primordialmente las palabras para expresar nuestros sentimientos, ideas, opiniones y también para quejarnos y discutir.
>
> Y es así porque solemos estar ensimismados. La persona que más nos interesa somos nosotros mismos. Hasta cierto punto, es algo inevitable y durante la mayor parte de nuestras vidas no tiene nada de malo, pues nos puede ir bastante bien de este modo. Sin embargo, En la seducción limita nuestro potencial.
>
> No se puede seducir si no se cuenta con la capacidad de salir de la propia piel y entrar en la de otra persona, penetrando en su psicología. La clave de lenguaje seductor no son las palabras que emitimos o el tono de voz seductora, sino un cambio radical de perspectiva y hábito. Hay que dejar de decir

lo primero que se nos ocurra: hay que controlar el impulso de parlotear y dar rienda suelta nuestras opiniones. La clave es considerar las palabras como herramientas no para comunicar pensamientos y sentimientos verdaderos, sino para confundir, deleitar y embriagar.

La diferencia entre lenguaje normal y el seductor se asemeja la diferencia entre el ruido y la música. El primero es constante, algo que evitamos si podemos. Nuestro lenguaje normal es como el ruido: la gente puede que nos escuche a medias mientras hablamos sobre nosotros, pero con la misma frecuencia sus pensamientos están a kilómetros de distancia.

La música, por su parte seductora y penetrante. Pretende darnos placer. Una melodía o ritmo permanece en nuestro interior días después de que lo hayamos escuchado, alterando nuestro estado de ánimo y emociones, relajando nos o excitados. Para hacer música en lugar de ruido hemos de decir cosas que agradecer, cosas relacionadas con la vida de las personas, que toquen su vanidad. Si tienen problemas, podemos producir el mismo efecto distrayéndolos, desviando su atención, diciendo cosas ingeniosas, que hagan que el futuro parezca brillante y esperanzado".

Por ese mismo motivo, cuidado con lo que escuchas. Vivimos en un mundo donde la mayoría de nosotros hemos crecido creyendo en alguna religión, o atribuyendo lo

Un grupo de ranas viajaba por el bosque, cuando de repente dos de ellas cayeron en un pozo profundo. *Las demás se reunieron alrededor del agujero y cuando vieron lo hondo que era les dijeron que se dieran por muertas. Sin embargo, ella siguió luchando, intentando salir del hoyo con todas sus fuerzas. Mientras las otras decían que los esfuerzos serían inútiles.*

Finalmente, una de las ranas se dio por vencida y murió.

La otra continuó saltando con tanto esfuerzo como le era posible. La multitud le gritaba que era inútil pero la rana seguía saltando, cada vez con más fuerza, hasta que finalmente salió del hoyo. Las otras finalmente le preguntaron.

— ¿Cómo conseguiste salir? Te dijimos que era imposible.

Lo que ellas no sabían es que la rana era sorda y esta pensaba que sus compañeras estaban animándole para salir del hoyo.

que nos pasa a la suerte, en el siguiente capítulo desarrollaremos el concepto "suerte" distinguiéndolo del concepto "azar". Cerramos este capítulo con una fábula sobre la importancia de ser consciente de lo que escuchamos y nuestras influencias.

La palabra tiene poder de vida y de muerte. Una voz de aliento a alguien que se siente desanimado puede ayudarle a terminar el día, mientras que una palabra negativa puede acabar por destruirlo. Cualquiera puede decir palabras que roben a los demás el espíritu que les permiten seguir la lucha en medio de tiempos difíciles.

Tengamos cuidado con lo que decimos, pero sobre todo con lo que escuchamos

SHERLOCK Y WATSON

En la literatura, y demasiadas veces en la vida real, ocurre un fenómeno en el que nos encontramos con personas cuya ambición de conocimiento es nula. Y el amor por la sabiduría les produce urticaria. Pero con las que el personaje en la literatura, o nosotros mismos en la vida real, debemos seguir manteniendo una relación cordial, porque nuestras circunstancias personales o profesionales requieren mantenerlo durante un tiempo indefinido. A veces, tratar con personas así puede ser realmente descorazonador y, si reiteradamente te ves obligado a explicar algo, es posible que estas personas se sientan atacadas u ofendidas. No obstante, recuerda que solo tú eres responsable de tus circunstancias.

Para ello, te presento una herramienta que utilizaba Sir Conan Doyle, autor de la literatura sobre Sherlock Holmes y Watson, donde el solitario detective encuentra en la amistad del médico la compañía que necesita para no volverse loco. Sherlock, caracterizado por ser un genio dueño de una de las mentes creativas más potentes de la literatura, está un escalón por encima de Watson (médico de formación). Conan Doyle utiliza un recurso literario para que el lenguaje que utilizaba un personaje como Sherlock fuera entendible y accesible para todos los públicos. Este recurso es el propio Watson, que se convierte en la conexión necesaria entre el legendario detective y el lector.

Para mantener las relaciones y el éxito en muchas de ellas, entender que hay personas que no tienen la suerte de haber vivido lo que tú has vivido y las circunstancias que te permiten que esa hambre de conocimiento te mantenga en constante crecimiento. Es muy importante en el trato con estas personas buscar un Watson.

A nivel personal, en el mundo del entrenamiento o la nutrición, utilizo muchísimos Watson. Cuando un atleta tiene dificultad a la hora de aprender un movimiento por su falta de coordinación o movilidad, busco un ejemplo de un antiguo alumno que tenía ese problema mucho más acentuado, y si puede estar presente mejor que mejor. Cuando una mujer que está empezando a cuidarse la alimentación me pregunta dudas y se nota que está estresada, hablo de lo avanzada que está en comparación con la mayoría de las personas que está empezando.

Mi consejo es que, si puedes evitar decir algo malo, en lugar de algo bueno, los dos estáis ganando.

Por otro lado, es muy importante que nunca se adule y todo se diga desde la honestidad, pues perder nuestra credibilidad será mucho peor que la peor critica.

CAPÍTULO 6

Cuestiónatelo todo

¿**P**or qué cuestionárselo todo? Creo que es la pregunta adecuada para comenzar este capítulo. Hoy por hoy nos creemos muy modernos porque todos tenemos smartphones, internet y podemos cruzar cientos de kilómetros en cuestión de minutos. Pero hace 500 años también se creían muy modernos, porque un tal Johannes Gutenberg inventó una máquina llamada imprenta que permitía que, lo que antes era un acceso de información limitado a ciertas clases sociales, pasó a muchísimas más personas en cuestión de pocos años, básicamente el internet de la época.

Hoy por hoy criticamos la censura de instituciones como la Inquisición prohibía libros y vetaba la enseñanza de ciencias en muchas de las Universidades de la época. De hecho, en España se relaciona la aparición y desarrollo de grandes escritores en detrimento de grandes científicos debido a que en las universidades se enseñaban lenguas e idiomas y se vetaba la evidencia científica, acusándola de blasfemar contra Dios.

Hoy en día parece fácil cuestionar a la Inquisición, pero ¿cómo nos estudiarán a nosotros dentro de 100 años?

- Creemos que todo está inventado.
- Creemos que nuestra civilización es avanzada.
- Creemos que nuestra ropa ha roto con todos los esquemas en la historia.
- Creemos que nuestro conocimiento ha roto todos los límites.
- Creemos demasiadas cosas sin cuestionarnos las más importantes.

Estoy seguro de que en 100 años cuando estudien lo primitivos que somos con nuestro sistema de organización social pensarán lo que nosotros pensamos del sistema feudal o el pucherazo al inicio de las primeras repúblicas.

Cuando estudien cómo nos tratamos entre nosotros por muy avanzados que nos creamos nos mirarán como nosotros miramos a la Inquisición.

Cuando nos estudien nos mirarán como salvajes que no cuidaban el planeta, que miraban el mundo desde su ego y que podrían haber vivido más felices que en toda la historia.

> *"La calidad de tu vida la determina la calidad de tus preguntas."*
>
> Tony Robbins

Si sois lectores de libros sobre crecimiento personal o, incluso si os gustan las charlas de motivación, conoceréis al autor de dicha frase, Tony Robbins, el más popular orador motivacional de las últimas décadas. No por casualidad esta persona aprendió de uno de los más grandes como es Jim Rohn.

Muchas personas no están de acuerdo con esta frase porque para ellos no hay malas preguntas. Pero, siendo honestos, ni nuestras circunstancias son las mismas, ni nosotros somos iguales, ni todas las preguntas son igual de buenas ni te van a llevar al mismo sitio.

Y ya no solo importa la calidad de esas preguntas, **importa que tú seas el primero que se lo cuestione todo,** y el primero en hacerse las preguntas adecuadas.

★   ¿DÓNDE ESTOY Y DONDE QUIERO ESTAR?

★   ¿ESTOY HACIENDO LO SUFICIENTE? ¿QUÉ MÁS PUEDO HACER?

★   ¿QUÉ ES ÉXITO PARA MÍ?

"No se trata de encontrar respuestas a viejas preguntas, sino hacer preguntas que no te habías hecho antes".

ALBERT EINSTEIN

"En la escuela, nos recompensan por tener la respuesta, no por hacer una buena pregunta".

RICHARD SAUL BURMAN

"En todos los asuntos, es algo saludable de vez en cuando poner un signo de interrogación en las cosas que has dado por sentado durante mucho tiempo".

BENTRAND RUSSELL

"Las computadoras son inservibles. Sólo te pueden dar respuestas".

PABLO PICASSO

"Juzga a un hombre por sus preguntas" en vez de hacerlo por sus respuestas".

VOLTAIRE

**Lo bueno de hacerse preguntas,
es que acabas encontrando respuestas.
Lo malo es que seguro que acabas encontrándolas**

SER, HACER, TENER (en este orden)

La primera vez que fui consciente de estos términos fue gracias a David Marchante, más conocido como Powerexplosive.

El concepto que más tarde leí a autores como Robert Kiyosaki, en su libro "El cuadrante del flujo del dinero", que escribe sobre inteligencia financiera e inversiones, desarrolla la importancia de identificarnos en primer lugar como individuos con lo que somos, más tarde con los que hacemos y por último con lo que tenemos.

Es muy frecuente en el mundo tan rápido en el que vivimos que las personas tengan en su subconsciente este panorama del revés. "Tanto tienes, tanto vales" se ha dicho siempre, pero no se ha dicho que tenemos lo que somos.

PERSONAS QUE CREEN QUE SER UN ATLETA ES CUESTIÓN DE TENER MÚSCULOS

PERSONAS QUE CREEN QUE SER RICO ES CUESTIÓN DE TENER DINERO

PERSONAS QUE CREEN QUE SER AFORTUNADO ES CUESTIÓN DE TENER SUERTE

Pueden todos estos ejemplos parecer muy lógicos y tener mucho sentido, pero cuando das la vuelta a estas ideas, te das cuenta de que es al revés cuando cobran verdadero significado y que todo cambio en el mundo real comienza en nuestro mundo mental, como desarrollan autores como, Bryan Tracy, en "Los secretos de la mente millonaria".

Como desarrolla Kiyosaki en "El cuadrante del flujo del dinero", el error de muchas personas es que una vez han determinado cuáles son sus metas, se olvidan de que el primer paso para conseguirlas, o para mantenerlas, es SER esa persona.

El problema de esas personas es simplemente que tenían una lista para hacer y se olvidaron por completo del SER. Es decir, que eran la persona en la que querían convertirse.

- TENER músculos es consecuencia de SER un ATLETA.

- TENER dinero es consecuencia de SER una persona RICA.

- TENER seguidores es consecuencia de SER un LIDER.

- TENER tiempo es consecuencia de SER una persona ORGANIZADA.

- TENER amigos es consecuencia de SER una persona INTERESANTE.

P. D.: *Ser interesante es consecuencia de interesarte primero por los demás.* ALBERTO ÁLVAREZ.

DOMINA TU EGO

El lastre más pesado con el que cargamos como seres humanos y, a la vez uno de nuestros más grandes motores, es nuestro propio EGO. El EGO es esa necesidad que todo ser humano tiene alguna vez de sentirse importante y ser el protagonista. Nos dificulta ser la persona que queremos ser. Es muy importante distinguir al ego de emociones como la ambición, las ganas de ser mejor y superarse, ya que éstas nos aportan valores muy positivos.

Ésta es la historia de un muchachito que tenía muy mal carácter. Su padre le dio una bolsa de clavos y le dijo que cada vez que perdiera la paciencia debería clavar uno detrás de la puerta.

El primer día, el muchacho clavó 37 clavos. Durante los días que siguieron, a medida que aprendía a controlar su temperamento, clavaba cada vez menos. Descubrió que era más fácil controlarse que clavar clavos detrás de la puerta.

Llego el día en que pudo controlar su carácter todo el día. Su padre le sugirió que retirara un clavo por cada día que lograra hacerlo.

Los días pasaron, y pudo anunciar a su padre que no quedaban clavos por retirar. El hombre lo tomó de la mano, lo llevó hasta la puerta y le dijo:

—Has trabajado duro, hijo mío, pero mira esos hoyos en la madera: nunca más será la misma. Cada vez que pierdes la paciencia, dejas cicatrices como las que aquí ves. Puedes insultar a alguien y retirar lo dicho, pero la cicatriz perdurará.

La carreta vacía

Cierta mañana mi padre me invitó a dar un paseo por el bosque y yo acepté con placer. Se detuvo en una curva y después de un pequeño silencio me preguntó:

—Además del cantar de los pájaros, ¿escuchas algo?

Agucé mis oídos y algunos segundos después respondí:

—Estoy escuchando el ruido de una carreta.

—Eso es —dijo mi padre—. Es una carreta vacía.

— ¿Cómo sabes que está vacía si aún no la vemos? —le pregunté.

Y él respondió:

—Es muy fácil saber que una carreta está vacía, por causa del ruido. Cuanto menos cargada está, mayor es el ruido que hace en el camino.

Me convertí en adulto, y cada vez que veo a una persona hablando demasiado, una persona inoportuna, que interrumpe la conversación de todo el mundo tengo la impresión de oír a mi padre diciendo:

Cuanto menos cargada está una carreta mayor es el ruido que hace.

Cuando hablamos de EGO nos referimos a una emoción que te aleja de tus metas. Y nuestro EGO sólo mira lo que puede sacar a corto plazo. Busca gratificación instantánea y se comporta como la parte más animal que todo ser humano lleva dentro, donde los instintos más básicos y la supervivencia pasan a un primer plano y las necesidades sociales se vuelven prescindibles. Piensa que ya no vivimos en esas sociedades primitivas que necesitaban garantizar la supervivencia. Nuestro objetivo en la vida es aportar valor y hacer de este un mundo mejor que el que nos encontramos y es difícil hacerlo si estamos boicoteados por esta emoción.

De hecho, además de una perspectiva generosa el control del ego va a aportarte siempre mucha más felicidad de la que jamás podrías imaginar. Dale Carniege, en su obra "Como ganar amigos, e influir sobre las personas" nos desvela el mayor anhelo que tiene el ser humano, que no es otro que el de sentirse importante. Y como el ego puede ser utilizado como una herramienta de influir en las personas.

TU "YO" IDEAL

Tú no necesitas la aprobación de los demás.

La necesidad de aprobación de los demás equivale a decir: "Lo que tú piensas de mí es más importante que la opinión que tengo de mí mismo"

> *"Sólo una cosa hace falta para que el mal triunfe, y es que los hombres buenos no hagan nada".*
>
> EDMUND BURKE

Había un bosque grande y antiguo, placido, tupido de árboles y en el que vivían infinidad de animales. Llego el verano y con el intenso calor las sequías. Esto provocó que comenzaran los incendios. El fuego se extendía rápidamente por el bosque y los animales, asustados, comenzaron a huir. En medio de la confusión, un pequeño colibrí comenzó a volar en sentido contrario a la dirección del resto de los animales. El pequeño pájaro volaba una y otra vez hasta un lago en el centro del bosque, cargaba unas pequeñas gotas de agua y las esparcía sobre las llamas.

Leones, Jirafas, Elefantes y otros, asombrados no dejaban de mirar al pequeño animal, en tan asombroso accionar. Tras un buen rato de observarlo, uno de ellos le preguntó:

— ¿Qué estás haciendo? ¿A dónde vas? ¿Por qué no huyes del fuego?

El colibrí, se paró solo un instante y mirándolos, como todos huían del lugar, les contesto:

—En este bosque está mi vida, mi nido y todo lo que construí, al igual que lo de todos ustedes. No quiero que desaparezca, y me sentiría muy mal el saber que, pudiendo, desde mi lugar no hice nada. Es por eso por lo que voy volando hasta el lago en medio del bosque, recojo un poco de agua en mi pico y la tiro sobre las llamas para mitigar el fuego.

El resto de los animales, le decían:

—Estás loco, no servirán unas pocas gotas para apagar tamaña intensidad de llamas, tú solo no podrás apagarlo.

A lo que el colibrí contesto:

—Es posible, es posible. Sólo estoy cumpliendo con mi parte —y continuó su incansable vuelo hacia el lago.

¿Qué haría él?

Es una de las preguntas que los estoicos se hacían durante la antigüedad en referencia a qué es lo que harían aquellos personajes con más virtud o autocontrol que ellos mismos de cara a la toma decisiones. Con el tiempo, distintas corrientes de PNL (Programación Neurolingüística) y psicología han ido adaptando esta estrategia para desarrollar herramientas de gestión de las emociones, entre ellas el "Yo ideal".

Nuestra autoestima está determinada por la distancia que hay entre nuestro 'yo real', y nuestro 'yo ideal', siendo más alta nuestra autoestima cuanto más cerca esté nuestro 'yo ideal' de nuestro 'yo real', y siendo más baja cuanto más lejos esté nuestro 'yo real' de nuestro 'yo ideal'.

¿Qué significa esto exactamente? Nuestro yo real está basado en la percepción de nosotros mismos. Cómo nos vemos desde fuera, basado en nuestro comportamiento y forma de ser. Nuestro yo ideal está basado en una percepción virtual de cómo nos gustaría ser y como nos gustaría comportarnos si controláramos miedos, vergüenzas o inseguridades.

SÉ FUERTE,
NO POR LA PERSONA
QUE ERES AHORA.
SÉ FUERTE
POR LA PERSONA
QUE LLEGARÁS A SER.

El "yo ideal" es una de las estrategias psicológicas que utilizo a nivel personal para gestionar mi comportamiento y mis decisiones. He de reconocer que me la descubrió el Psicólogo deportivo Iván Alonso.

Ocurre con frecuencia. De hecho, con más frecuencia de lo que creemos, muchas personas tienen disonancias con la realidad con la que viven.

Demasiadas veces se piensa lo que no se dice, se dice lo que no se piensa.

Hay veces que se hace lo que no se siente, se siente lo que no se hace.

Esto implica un deterioro en el organismo, no solo a nivel biológico, sino a nivel de nuestras interacciones como seres humanos. Siendo esto muchas veces provocado por la falta de consciencia.

HAZ LO QUE PUEDAS
CON LO QUE TENGAS
DONDE ESTÉS

La estrategia del 'yo ideal' puede ser muy interesante para estas personas. De hecho, suelo utilizarlas con personas que tienen dificultades a la hora de dejar abandonar hábitos negativos o iniciar hábitos de vida saludable

Por ejemplo, a personas que quieran dejar de fumar, puedes preguntarles, tras explicar este concepto, si su "yo ideal" fuma. Si la respuesta es positiva, en ese caso fumar, aunque es una práctica negativa para su salud, es la respuesta correcta.

No obstante, una vez que entendemos cómo se comporta nuestro yo ideal, es mucho más fácil comportarnos de una manera que favorezca la mejora de nuestra autoestima.

No sólo es aplicable al tabaco, hay muchas personas con comportamientos y acciones disonantes con sus pensamientos y el entendimiento de esta estrategia puede ayudarles bastante tanto a mejorar y generar hábitos positivos, abandonar practicas negativas, como a mejorar su autoestima.

"El maestro nos había pedido que lleváramos patatas y una bolsa de plástico. Deberíamos llevar una patata por cada persona a la que guardáramos resentimiento, escribir su nombre en la patata y guardarla en la bolsa.

Algunas eran realmente pesadas. El ejercicio consistía en llevar la bolsa con nosotros durante una semana. Naturalmente, la condición de las patatas se iba deteriorando con el tiempo.

La incomodidad de llevar la bolsa en todo momento me mostró con claridad el peso espiritual con el que cargaba a diario y me señaló que mientras ponía mi atención en ella para no olvidarla en ningún lado, desatendía cosas más importantes. Descubrí que todos tenemos patatas pudriéndose en nuestra 'mochila' sentimental".

Este ejercicio fue una gran metáfora del precio que pagaba a diario por mantener el resentimiento derivado de cosas pasadas que no pueden cambiarse. Me di cuenta de que cuando dejaba de lado los temas incompletos o promesas no cumplidas, me llenaba de resentimiento, aumentaba mi estrés, dormía peor, y mi atención se dispersaba.

Perdonar, y dejar ir me llenó de paz, alimentando mi espíritu.

La falta de perdón es como un tóxico que tomamos a gotas cada día, hasta que finalmente termina por envenenarnos.

Muchas veces pensamos que el perdón es un regalo para el otro, y no nos damos cuenta de que los únicos beneficiados somos nosotros mismos.

El perdón es una declaración que puedes renovar a diario, muchas veces la persona más importante a la que puedes perdonar es a ti mismo, por todas las cosas que no fueron como pensabas. ¿Con qué personas estás resentido? ¿Eres infalible, y por eso no puedes perdonar errores ajenos? Perdona, y serás perdonado, con la vara que mides serás medido.

LA SUERTE ES PARA LOS POBRES

Hace más de mil años los seres humanos cuando no encontraban explicación a ciertos hechos, solían atribuir la respuesta a los dioses y deidades, como el hecho de porqué llovía, por qué había una buena o una mala cosecha, o incluso de que una mujer fuera a quedarse embarazada o tener un varón también dependía de que hubiera agradado a dichas deidades.

MIENTRAS SE SIGA
ESPERANDO A LA SUERTE,
NO SE PODRÁ CAMBIAR
EL MUNDO

Existe una vieja historia de un granjero africano que un día salió de su establo para descubrir que su mejor toro se había escapado por la noche y no sabía dónde podía encontrarlo. Las noticias de su pérdida llegaron al pueblo más cercano, y todo el mundo le decía, "¡Qué mala suerte! Es horrible lo que te ha ocurrido" A lo que el granjero respondía, "Tal vez."

Unos días más tarde, mientras trabajaba, el granjero levantó la mirada y vio a su toro que volvía a casa, y para su sorpresa traía un novillo salvaje con él. Cuando la noticia llegó al pueblo, todo el mundo le decía, "Eres un hombre afortunado." A lo que respondía, "tal vez."

Al cabo de unos días mientras intentaba domar al novillo, el animal embistió al hijo del granjero contra una valla y se rompió una pierna. Cuando la gente del pueblo se enteró, todos decían, "¡Qué mala suerte! No podrá ayudarte en la granja y no podrás recoger la cosecha a tiempo." A lo que el granjero respondía, "tal vez."

Dos días más tarde, el granjero oyó ruidos a la puerta de su cabaña. Abrió la puerta y se encontró a una decena de soldados. "Somos soldados del ejército del Rey, y sabemos que tiene un hijo joven. Estamos aquí para llevarlo ante el campo de batalla." "Pasen" Dijo el granjero, les presentaré a mi hijo". En la cama se encontraba el joven con su pierna rota, incapaz de andar. Al ver que el chico no les era útil marcharon sin él a la batalla".

Cuando el conocimiento humano y la ciencia se desarrollaron, muchas de estas respuestas dejaron de atribuirse a los dioses, ya que o directamente no existían, o empezaron sólo a darle respuesta con un solo Dios. Lo que no ha dejado de hacer la gran mayoría de humanos es, justificar gran parte de su desconocimiento mediante la suerte. Pero, **al igual que el desconocimiento de la ley no te exime de su cumplimiento,** que no sepamos por qué suceden o no suceden ciertas cosas, no debería de atribuirse a la suerte por si sola.

De hecho, de las mayores limitaciones de los seres humanos son sus pensamientos a la hora de creer o no creer en la suerte. Personas que piensan que, ser o no ser rico, depende en su mayoría de la suerte que tenga esa persona a la hora de echar la lotería.

Piensan que conseguir un buen puesto de trabajo o crear un buen negocio va a depender de la suerte que tenga esa persona y de su suerte a la hora de crear su red de contactos o incluso que conseguir estar con la persona de sus sueños consiste en la suerte de nacer afortunado genéticamente o agraciado.

"NO ES LO QUE TE PASA, ES CÓMO TE LO TOMAS"

En cambio, por otro lado, hay personas que deciden su propia suerte. Suele coincidir con las personas que tienen metas y las que no tienen metas. Las personas que tienen objetivos se han dado cuenta de que, cuando han estado trabajando para conseguirlo, cuando más tiempo y recursos dedicaban a sus metas, más cerca estaban de éstas. En definitiva, y como dijo Thomas Jefferson, "cuanto más trabajo más suerte tengo".

El legendario Bob Hope contaba que, su sueño siempre fue el cine. Ser un humorista reconocido y aplaudido en clubes de tercera era importante, pero él soñaba cada semana con la gran pantalla.

Un día, alguien que confiaba mucho en él, me consiguió un pequeño papel en una película de la Warner Bros. Eran apenas dos frases en una aparición de 52 segundos de los cuales la mitad estaba de espalda, pero para Bob era el cumplimiento de su más ambiciosa fantasía. Hacerlo le encantó. ¿Cómo conseguir que le volvieran a llamar? Hope esperó durante semanas el milagro de un nuevo contrato, pero no llegó. El cine era espectacular, pero tenía que hacer algo para ganarse la vida; no podía quedarse esperando que su oportunidad llamara a su puerta; así que aceptó un trabajo como humorista de gira en centenares de bares a lo largo de EEUU.

Tenía que conseguir que alguno de los directores de casting se fijara en sus virtudes, pero ¿cómo? De pronto tuvo una idea.

En cada ciudad en la que trabajara se acercaría a correos y mandaría dos o tres cargas a la Warner. En todas diría más o menos: "He visto la película y me ha encantado." "¿Quién es el joven que aparece al final de la película? Tiene madera de buen actor. Mis amigos y yo quisiéramos verlo pronto en alguna película". Y después firmaba con otro nombre cualquiera. Semana tras semana el actor repetía la rutina.

Dice Hope que ese plan le hacía gastarse un gran dinero en sellos, pero que lo tomaba como inversión.

Finalmente, su esfuerzo y su idea tuvo recompensa. A los 3 meses después de viajar por 40 ciudades y las de 100 cartas, la Warner lo mandó llamar para ofrecerle un papel en la siguiente película.

El día de la firma del contrato, Hope deslizó un comentario para evaluar el efecto de su estrategia: "¿Qué les hizo pensar en mí?". Uno de los hermanos Warner le contestó: "Cualquiera que viaje tanto y gaste tanto dinero en inventar nombres y mandar cartas merece una oportunidad".

Por otro lado, hay personas con éxito que no son conscientes de que lo que ellos llaman 'suerte', esconde detrás un montón de horas de trabajo, originalidad e ir en contra de lo que consideramos normal o políticamente correcto.

Voy a hablarte de mi amigo Roberto Vidal, conocido popularmente como el Coach Nutricional, una persona con mucho éxito y aclamada en el mundo de la nutrición. Roberto se considera una persona que ha tenido mucha suerte por estar donde está. Esto llama la atención, ya que también, os contaré si aún no lo conocéis que Roberto se popularizó y dio a conocer en el mundo de la nutrición por hacer vídeos divulgativos de un minuto por redes sociales; pero, el caso de Roberto va un poco más allá debido a su manera de trabajar, *¿Entrar en un supermercado y hacer vídeos divulgativos de calidad en menos de un minuto aportando entretenimiento y utilizando la palabra "Caca" refiriéndose a productos poco saludables, ¿es cuestión de suerte o hay algo más?*

Roberto no siempre ha tenido popularidad o éxito, sino que tuvo que reinventarse varias veces hasta encontrar la tecla que le dio esa "suerte".

Pero, **lo más frecuente no es encontrarte a personas que atribuyen su éxito a la suerte, lo más frecuente es encontrarte con personas que atribuyen su fracaso a mala suerte.**

ALÉJATE DE QUEJICAS

Quizá hayas escuchado el dicho **"la suerte llega cuando la oportunidad se encuentra con la preparación"**.

¿Cuántas veces has oído la potra que tiene fulano o mengana (como para enfatizar que ellos mismos no son afortunados)? Lo que ocurre es que, los que se lamentan, no hacen nada para cambiar su destino, y mucho peor, pueden arrastrarte a pensar que lo que te sucede es cosa de tu suerte en lugar de tus acciones o hábitos.

Ver películas, Netflix, porno, o jugar a la Play es mucho más divertido, pero a menos que vayas a dedicarte a algo relacionado, no es lo mejor para incluirlo en tus hábitos (No estamos hablando de hacerlo de manera puntual, donde puede tener más sentido). Desarrollar tus talentos y capacidades requiere trabajo y dedicación, características que atraen la suerte.

TU VIDA SE ESTÁ ACABANDO Y TÚ VAS A ACABARTE OTRA SERIE DE NETFLIX

Durante algún tiempo se puso de moda con aquello de blogs y redes sociales el hablar de frustraciones y ansiedades para sacárselas de dentro, y hasta cierto punto puede ser así, pero sin exagerar. Pero quejarse sin hacer nada al respecto es jodidamente perjudicial para salir de esos estados.

No ves el mundo como es, ves el mundo como eres tú.

Si algo te ofende mira dentro de ti.

Seguro que tienes amigos o familiares que se consideran desgraciados porque no encuentran trabajo. Amigos o amigas que les pilla de sorpresa que su pareja les abandone, o que su salud no deja de ir a peor cuando casualmente en ninguno de estos casos estas personas trabajan para mejorar su suerte.

- Mejorando capacidades comunicativas e intelectuales.
- Mejorando hábitos de comida y nutrición.
- Mejorando hábitos deportivos y de actividad física.

Existe una historia sobre un hombre que compró un terreno con un montón de rocas y en dos años lo convirtió en un hermoso jardín lleno de las más bellas flores. Un día, se presentó un ermitaño que había oído hablar del jardín, ya que su fama se había extendido a unos kilómetros a la redonda, pero también quería asegurarse de que el jardinero no se había olvidado de El Gran Creador. Así que le dijo:

—Jardinero, Dios ciertamente te ha bendecido con un hermoso jardín.

El jardinero asintió.

—Es cierto, ermitaño. Si no fuera por el sol, la lluvia, la tierra, y el milagro de las semillas y las estaciones del año, no existiría aquí ningún jardín. Pero tendrías que haber visto este lugar hace dos años, cuando sólo Dios se ocupaba de él —dijo.

Es casual y frecuente que esas personas decidan pensar que son personas desafortunadas y que el mundo conspira contra ellos.

Mi recomendación personal, al menos por experiencia propia, es que te alejes de personas así. Y, que si, por otro lado, tienes mucho afecto por esas personas, les animes a verse desde fuera incluso a leerse este libro.

Me gustaría que al acabar este libro fueras una persona que decida su propia suerte.

A ti y a mí nos han sido concedidos los dones de la vida, pero depende de nosotros mismos decidir si vamos a usar las leyes de Dios (o del Universo) para crear y prosperar.

Hay personas que siguen creyendo en la suerte, y lo entiendo. Soy el primero que gran parte de su vida ha creído en la suerte, en Dios, y para ser honesto, en todo lo que mi mente humana no era capaz de explicar por sí sola. Gracias a la experiencia, a personas y a libros más grandes que yo, me he dado cuenta de que exista o no exista Dios, **todo lo que me ocurra es responsabilidad mía.**

NO UTILICES CULPA, UTILIZA RESPONSABILIDAD

Uno de los principales principios sobre liderazgo nos enseña que, para avanzar y darnos control sobre nuestra vida, no podemos señalar a nadie más que a nosotros mismos. De hecho, muchas veces tendemos a señalar a los demás pensando que, por su culpa no conseguimos ciertas metas. A nivel personal, antes era una persona que señalaba a cualquier persona o cualquier cosa menos a mí mismo porque mi ego no me permitía asumir esa "culpa".

Fueron experiencias y aprendizajes con mentores y libros los que me enseñaron el camino. A veces es duro de admitir porque nos valoramos demasiado, pero, tanto lo bueno como lo malo que nos ocurre no es nuestra culpa, pero siempre es nuestra responsabilidad.

- Si engordas porque no tienes tiempo para entrenar, no es tu culpa, es tu responsabilidad.

- Si no ganas suficiente dinero para llevar el estilo de vida que te gustaría, no es tu culpa, es tu responsabilidad.

- No te gusta leer porque preferirías jugar a la consola, no es tu culpa, es tu responsabilidad.

- Si te echan del trabajo o te deja tu novia porque no eres tan bueno como eras antes, no es tu culpa, pero, una vez más, es tu responsabilidad.

Este concepto es maravilloso, porque te da poder ilimitado. Ser responsable. Ser responsable de lo que pasa, aun cuando lo que te ocurre es desagradable, te da el poder y el control de poder hacer cambios.

> *"Por más difícil que se nos presente una situación, nunca dejemos de buscar una salida, ni de luchar hasta el último momento. En momentos de crisis, sólo la imaginación es más importante que el conocimiento."*
>
> ALBERT EINSTEIN

C uenta una antigua leyenda que en la Edad Media un hombre muy virtuoso fue injustamente acusado de asesinato. El culpable era una persona muy influyente del reino, y por eso, desde el primer momento se procuró hallar un chivo expiatorio para encubrirlo.

El hombre fue llevado a juicio y comprendió que tendría escasas oportunidades de escapar de la horca. El juez, aunque también estaba confabulado, se cuidó de mantener todas las apariencias de un juicio justo. Por eso le dijo al acusado:

—Conociendo tu fama de hombre justo, voy a dejar tu suerte en manos De Dios: escribiré en dos papeles separados las palabras "culpable" e "inocente". Tú escogerás, y será la Providencia la que decida tu destino".

Por supuesto, el funcionario había preparado dos papeles con la misma leyenda "culpable". La víctima, aún sin conocer los detalles, se dio cuenta de que el sistema era una trampa. Cuando el juez lo conminó a tomar uno de los papeles, el hombre respiró profundamente y permaneció en silencio unos segundos con los ojos cerrados. Cuando la sala comenzaba a impacientarse, abrió los ojos, y con una sonrisa, tomó uno de los papeles, se lo metió en la boca y lo engulló rápidamente. Sorprendidos e indignados los presentes exclamaron:

—"¡Qué ha hecho, ahora como sabremos el veredicto!"

—Es muy sencillo —replicó el acusado.

Es cuestión de leer el papel que queda y sabremos que decía el que me tragué.

Por el contrario, señalar a tu alrededor te aliviará de la carga temporalmente. Es cierto. De hecho, es el desestresante de moda, el que utilizan muchas personas para sentirse mejor y reducir el estrés que le generan ciertas personas o circunstancias en su vida. Pero no es el cambio que estás buscando para ser feliz.

SOMOS LOS ÚNICOS RESPONSABLES
DE A QUIÉN O A QUIENES
DEJAMOS ENTRAR EN NUESTRA VIDA,
Y LA CALIDAD DE LO QUE ENTRE
SÓLO DEPENDE DE NUESTRO
AMOR PROPIO

Es fácil decir que nuestro alrededor es hostil, que nos rodea gente tóxica y todo eso. Personalmente, me parece una falta de responsabilidad.

Como siempre, si algo no te gusta tienes dos opciones, pensar que tienes mala suerte y el mundo conspira contra ti, o pensar que el problema eres tú y empezar a cambiar.

Lo que tienes alrededor es un reflejo de lo que eres tú.
"Dime con quien andas y te diré quién eres"

Así que, si no te gusta algo de tu alrededor, estás de suerte, ya que puedes cambiarlo.

Cuando empieces a quererte, a darte valor tú mismo, empezarás a ser responsable de quién te rodea. Y, para ello, no hay nada como el amor propio.

- **Cuídate,** solo tienes un cuerpo y tiene que durarte toda tu vida, ¿le darías a tu Ferrari Fanta? Seguramente no, pero seguro que muchas veces no te tratas a ti mismo de esa manera.

- **Fórmate,** lee, estudia y aprende, cuida la calidad de tus pensamientos y cuestiónate todo, "Hay demasiadas ovejas y pocos leones". Pocas personas, demasiada gente.

- **Confía en ti mismo,** es el primer paso para el trato con otros seres humanos. Todos tenemos miedos, vergüenzas y demás. Pero esas emociones, a pesar de ser parte de la mente dualista del ser humano, no pueden dominar tu vida, **¡Tu vida se está acabando joder!**

- **Autorealización,** la mayoría de las veces cuesta ser felices por nosotros mismos, y buscamos la felicidad en lo que hace feliz a la gente que nos rodea. Piensa cuál es el sentido por el que estás aquí. Cuando lo encuentres, encontrarás un poder en ti mismo basado en la indiferencia en las opiniones de los demás, ya que no hay nada más grande que ser fiel a uno mismo.

Una vez más me gustaría rescatar los ejemplos de la educación de Toni Nadal con su sobrino Rafa y como le enseñó el sentido de la palabra responsabilidad.

"Fomenté el sentido de la responsabilidad y su capacidad de aguante. Cuando era pequeño, fui muy exigente tratando de que se convirtiese en autoexigencia. De nada sirve tener a un motivador, si uno mismo no es responsable, si no está dispuesto a motivarse. Nunca le permití excusas. Nunca una excusa nos hizo ganar un partido; las justificaciones no sirven. En una ocasión, siendo joven, estaba jugando un partido contra un jugador de media tabla e iba perdiendo; estábamos tan en el juego que no nos dimos cuenta de que la raqueta estaba rota hasta que un asistente me lo dijo. Cuando terminó el partido, fui a preguntarle si es que estaba tan despistado que no se dio cuenta. Me dijo: "Estoy tan acostumbrado a tener la culpa yo, que para nada me había imaginado que era cosa de la raqueta". Su capacidad de responsabilidad de sus errores y aguante a la adversidad es lo que le ha permitido ser el atleta que es hoy".

COMO HACES LAS COSAS
NO DEBERÍA SER EL REFLEJO
DE CÓMO TE TRATAN,
DEBERÍA SER EL REFLEJO
DE CÓMO ERES

U n maestro de construcción ya entrado en años estaba listo para retirarse a disfrutar de su pensión de jubilación. Le contó a su jefe acerca de sus planes de dejar el trabajo para llevar una vida más placentera con su esposa y su familia. Iba a extrañar su salario mensual, pero necesitaba retirarse, ya se las arreglaría de alguna manera.

El jefe se dio cuenta de que era inevitable que su buen empleado dejara la compañía y le pidió como último favor un último esfuerzo, que construyera una casa más. El hombre accedió y comenzó su trabajo, pero se veía a las claras que no estaba poniendo el corazón en lo que hacía. Utilizaba materiales de inferior calidad, trabajaba con prisa y sin ilusión y su trabajo, lo mismo que el de sus ayudantes, era deficiente. Era una infortunada manera de poner un punto final a su carrera. Cuando el albañil terminó su trabajo, el jefe fue a inspeccionar la casa y le extendió las llaves de la puerta principal. "Esta es tu casa querido amigo. Es un regalo para ti".

Si el albañil hubiera sabido que estaba construyendo su propia casa, seguramente lo hubiera hecho diferente. Ahora tendrá que vivir en la casa imperfecta que había construido.

No construyas tu vida de manera distraída y sin ilusión, reaccionando cuando deberías actuar. Y, sin dar lo mejor de ti. Muchas veces, ni siquiera hacemos nuestro mejor esfuerzo en el trabajo. Entonces, de repente, vemos la situación que hemos creado y descubrimos la casa que hemos construido.

Si lo hubiéramos sabido antes, la habríamos hecho diferente.

Tú puedes elegir el asumir la "culpa" de todo lo que te sucede. Tú puedes ser responsable de todo lo que te pasa.

SI LA HISTORIA
DE TU VIDA NO TE GUSTA,
HABLA SERIAMENTE CON EL AUTOR

CAPÍTULO 7

Filosofías aplicables

Definamos 'filosofía' como un camino de vida con una serie de reglas, principios y valores encaminados a un propósito determinado. Para entender esto, es muy importante saber que la realidad no existe. Esto es física cuántica.

En 1961, el físico Eugene Wigner, ganador del Premio Nobel dos años después, describió un experimento mental que mostraba cómo la extraña naturaleza del universo permite que dos observadores, por ejemplo, Wigner y sus compañeros, experimentasen realidades distintas.

El experimento involucró a dos personas que observaron el mismo fotón, la unidad cuantitativa más pequeña de luz, que en diferentes condiciones puede existir tanto en forma de polarización horizontal como vertical. **Un fotón puede existir en uno de estos dos estados, pero hasta que no hayan sido polarizados —es decir, observa-**

dos—, se encuentran en "superposición", es decir, un estado en el que ambas condiciones se cumplen al mismo tiempo.

El experimento mental descrito por Wigner consiste en que un científico analice con calma el fotón y determine su posición. Otro científico, desconocedor de la medición de su colega, es capaz de confirmar que el fotón (y, por tanto, la medición del primer científico) aún existe en una superposición cuántica de todos los resultados posibles.

Como resultado, cada científico está en su propia realidad. Y, técnicamente, todos tienen razón, incluso si no están de acuerdo unos con otros.

Nosotros como seres humanos percibimos el mundo de una manera determinada en función a como somos nosotros mismos. Por eso, para entender los próximos capítulos, es importante conocer que todos somos distintos, por lo que todos percibimos la misma realidad de una manera distinta y nos vemos a nosotros mismos diferentes a como nos ven otras personas.

LA VERDAD NO EXISTE, LA MENTIRA SÍ

La verdad no existe, la mentira sí. La verdad es dura, inamovible, y nadie la posee. Sólo tenemos puntos de vista sobre un hecho y, dependiendo de nuestras vivencias y la emoción reinante en el momento de observarlo, obtendremos ese punto de vista. Y eso es maravilloso, pues eso enriquece ese hecho o experiencia.

La mentira sí existe. Es fruto del miedo y la imaginación. Del miedo a ser mediocres, al castigo, al que dirán y un sin fin de motivos.

Reconocer el error, admitirlo como una experiencia positiva que nos hace aprender y avanzar, es una de las grandes asignaturas pendientes de la sociedad del siglo XXI. Prefiero mil veces una disculpa a una mentira.

> Únicamente nosotros podemos dirigir nuestra vida, hacia donde queremos ir. Muchas veces las circunstancias nos van a mandar señales que contextualizadas en el momento en el que las vivimos, pueden hacernos sentir bien o mal en función de nuestra percepción de la realidad.

> *"Alguien se graduó a los 22 pero solo consiguió trabajo a los 27. Alguien ya tenía un postgrado a los 25, pero murió a los 50. Mientras que otro se graduó a los 50 y vivió feliz hasta los 90. Hay alguien que está todavía soltero, mientras que su compañero de secundaria ya es abuelo.*

> *Hay quienes tienen pareja y aman a otra. Hay quienes se aman y no son nada. Obama se retiró a los 55 y Trump empezó a los 70. Todos en este mundo viven de acuerdo con su propio tiempo. Las personas que te rodean pueden parecer ir delante de ti. Otros pueden parecer lo contrario, pero todos están corriendo su propia carrera en su propio tiempo. No los envidies, están en su vida y tú estás en la tuya. Así que, relájate. No has llegado tarde. No has llegado temprano. Estás justo a tiempo."*

> Texto y reflexión extraído
> de Carlos Vico

EL AGUA TAMBIÉN TIENE SENTIMIENTOS
(Masaru Emoto)

El agua es el principal componente de nuestro cuerpo ya que poseemos alrededor de un 70% de agua al nacer y cerca de un 60% en la edad adulta. Más de la mitad de dicha agua se encuentra en el interior de las células y el resto circula en la sangre para bañar nuestras células y tejidos.

- El 75% de nuestro cerebro es agua.
- Los huesos la contienen en un 22%.
- Los músculos son agua en un 75%.
- La sangre es lo que más líquido vital precisa porque es agua en más de un 90%.

Podría parecernos que, es al contrario y que, en la edad adulta, deberíamos beber más, ya que los huesos, también, están conformados por agua.

Masaru Emoto experimento

En 1994, un científico japonés, el doctor Masaru Emoto tomó agua del grifo de Japón, cogió unas pocas gotas, las congeló, las examinó al microscopio electrónico y las fotografió.

Más tarde, utilizó agua de ríos y lagos cercanos, la puso en distintas botellas, distinguiéndolas por palabras positivas y de "Amor", a otra botella exponiéndolas a palabras y emociones de "Odio".

A otra botella de agua, la expuso a música clásica, incluso familias le lanzaron mensajes positivos.

Después congeló cada una de esas muestras y lo que descubrió fue sorprendente.

Las fotografías hechas al agua expuesta a los buenos pensamientos, a la música clásica, mostraban preciosos cristales hexagonales, parecidos a los copos de nieve, cada una de las fotos eran diferentes, unas mostraban formas hermosas y las que recibían mensajes de odio tenían formas asimétricas sin ningún tipo de armonía.

Con las muestras del agua del grifo, no se formaban cristales y lo mismo ocurría en los ríos y lagos cercanos a las grandes ciudades.

Sin embargo, en los ríos y lagos que estaban en medio de la naturaleza, lejanos a las ciudades, se pudieron observar bellísimos cristales, cada uno con su propia singularidad.

"A través de sus investigaciones se puso de manifiesto que el agua no solo recoge información, sino que también es sensible a los sentimientos y a la consciencia."

Los experimentos de Masaru Emoto son realmente controvertidos entre la comunidad científica, donde hay una dualidad entre los que validan los experimentos de Masaru y los que aún dicen que no hay suficientes muestras y consideran inconcluyentes estos experimentos.

A nivel personal, soy muy escéptico y arrogante para creer en estas cosas. Pero considero que, como mencionaba en el comienzo de este capítulo, todo depende de cómo decidamos verlo.

SOMOS COMO EL AGUA, Y COMO EL AGUA QUE NO SE MUEVE SE ESTANCA Y HUELE

Aun así, de lo que sí que podemos estar seguros, creamos o no en los experimentos de Emoto, es que somos casi un 80% agua y que, como el agua, si no nos movemos durante un tiempo indeterminado, nos estancaremos.

En los siguientes capítulos vamos a ver cómo afectan nuestros valores y sentimientos de cara a desarrollarnos como seres humanos.

EN UN MUNDO DONDE LA EDUCACIÓN FUESE DIFERENTE, ENSEÑARÍAMOS VALORES

Muchos hemos crecido en el mundo de 'tanto tienes tantos vales' y ha sido la propia vida la que nos ha dado en la frente, enseñándonos que lo verdaderamente importante son nuestros principios y reglas de vida. Y una de las reglas de vida más importante es tratar a los demás como queremos que nos traten.

Las experiencias que vivimos a lo largo de nuestra vida marcan lo que somos en la actualidad. No juzgue a las personas sin saber que hay detrás de ellas y deles la oportunidad de cambiar su vida.

"Trata a un hombre como lo que es y seguirá
siendo lo que es. Trátalo como puede y debe ser
y se convertirá en lo que puede y debe ser."

GOETHE

El **efecto Pigmalión,** cada vez más estudiado en psicología y pedagogía, se refiere a la potencial influencia que la creencia que tiene una persona acerca de otra ejerce en el rendimiento de esta última. Supone, por tanto, algo importante de conocer y estudiar para los profesionales del ámbito educativo, laboral, social y familiar.

El efecto Pigmalión tiene su origen en un mito griego, en el que un escultor llamado Pigmalion se enamoró de una de sus creaciones: Galatea. A tal punto llegó su pasión por la escultura que la trataba como si fuera una mujer real, como si estuviera viva. El mito continúa cuando la escultura cobra vida después de un sueño de Pigmalión, por obra de Afrodita, al ver el amor que éste sentía por la estatua, que representaba a la mujer de sus sueños. Este suceso fue nombrado como el efecto Pigmalión, ya que superó lo que esperaba de sí mismo y al creer que la estatua estaba viva, ésta llegó efectivamente a estarlo.

LO QUE ESTÁ MAL,
ESTÁ MAL, AUNQUE LO HAGA
TODO EL MUNDO

LO QUE ESTÁ BIEN,
ESTÁ BIEN, AUNQUE NO LO HAGA
NADIE

La señora Thompson

A l inicio del año escolar una maestra, la señora Thompson, se encontraba frente a sus alumnos de quinto grado. Como la mayoría de los profesores, ella miró a los chicos y les dijo que a todos los quería por igual. Pero era una gran mentira, porque en la fila de adelante se encontraba, hundido en su asiento, un niño llamado Jim Stoddard.

La señora Thompson le conocía desde el año anterior, cuando había observado que no jugaba con sus compañeros, que sus ropas estaban desaliñadas y que parecía siempre necesitar una ducha.

Con el paso del tiempo, la relación de la señora Thompson con Jim se volvió desagradable, hasta el punto de que ella sentía gusto en marcar las tareas del niño con grandes tachones rojos y ponerle cero.

Un día, la escuela le pidió a la señora Thompson revisar los expedientes anteriores de los niños de su clase, y ella dejo el de Jim de último. Cuando lo reviso, se llevo una gran sorpresa.

La maestra de Jim en el primer grado había escrito: "Es un niño brillante, con una sonrisa espontánea. Hace sus deberes limpiamente y tiene buenos modales; es un deleite estar cerca de él".

La maestra de segundo grado puso en su reporte: "Jim es un excelente alumno, apreciado por sus compañeros, pero tiene problemas debido a que su madre sufre una enfermedad incurable y su vida en casa debe ser una constante lucha".

La maestra de tercer grado señaló: "la muerte de su madre ha sido dura para él. Trata de hacer su máximo esfuerzo, pero su padre no muestra mucho interés, y su vida en casa le afectará pronto si no se toman algunas acciones".

La maestra de cuarto escribió:*"Jim es descuidado y no muestra interés en la escuela. No tiene muchos amigos y en ocasiones se duerme en clase".*

La señora Thompson se dio cuenta del problema y se sintió apenada consigo misma. Se sintió aún peor cuando al llegar la Navidad todos los alumnos le llevaron sus regalos envueltos en papeles brillantes y con preciosos listones, excepto Jim: el suyo estaba torpemente envuelto en tosco papel marrón de las bolsas del supermercado.

Algunos niños comenzaron a reír cuando ella sacó de esa envoltura un brazalete de piedras al que le faltaban algunas, y un frasco de perfume por la mitad. Pero ella minimizó las risas al exclamar:*"¡Qué brazalete tan bonito! Mientras se lo ponía y rociaba un poco de perfume en su muñeca".* Jim Stoddard se quedó después de clase solo para decir:*"Señora Thompson, hoy usted olió como mi mamá olía"*

Después de que los niños se fueron, ella lloró por largo tiempo. Desde ese día, renunció a enseñar sólo lectura, escritura, o aritmética y comenzó a enseñar valores, sentimientos y principios. Le dedicó especial atención a Jim. A medida que trabajaba con él, la mente del niño parecía volver a la vida, cuanto más lo motivaba mejor respondía. Al final del año se había convertido en uno de los más listos de la clase. A pesar de su mentira de que los quería a todos por igual, la señora Thompson apreciaba especialmente a Jim. Un año después, ella encontró debajo de la puerta una nota en la cual el niño le decía que era la mejor maestra que había tenido en su vida.

Pasaron seis años antes de que recibiera otra nota de Jim; le contaba que había terminado la secundaria, obteniendo la tercera mejor nota media en su clase, y que ella seguía siendo la mejor maestra que había tenido en su vida.

Cuatro años después, la señora Thompson recibió otra carta, donde Jim le decía que aunque las cosas no fueron fáciles, pronto se graduaría en la universidad con máximos honores, y aseguró que seguía siendo la mejor maestra que había tenido. Pasaron otros cuatro años y llegó otra carta; esta vez Jim contaba que después de haber recibido su título universitario, había decidido ir más allá. Le reitero que era la mejor maestra que había tenido. Ahora su nombre era más largo; la carta estaba firmada por el doctor James F. Stoddard, M.B.

El tiempo siguió su marcha. En una carta posterior, Jim le decía a la señora Thompson que había conocido una chica y se iba a casar. Le explicó que su padre había muerto hacía dos años y se preguntaba si ella accedería a sentarse en el lugar que normalmente está reservado para la madre del novio.

Por supuesto, ella aceptó. Para el día de la boda, uso aquel viejo brazalete con piedras faltantes y de aseguró de usar el mismo perfume que le recordaba a Jim a su mamá.

Se abrazaron y el doctor Stoddard susurró al oído de su antigua maestra:

—Gracias por creer en mí. Gracias por hacerme sentir importante y por enseñarme que yo podía hacer la diferencia.

La señora Thompson, con lágrimas en los ojos, le contestó:

—Estás equivocado, Jim: fuiste tú quien me enseñó que yo podía hacer la diferencia. No sabía enseñar hasta que te conocí".

En los últimos siglos, muchos de los más grandes líderes de la historia y exponentes de distintas filosofías, han criticado los sistemas educativos cuadriculados en los que crecieron.

"Siempre estoy listo para aprender, pero no me gusta que me enseñen."

WINSTON CHURCHILL

"Los padres fundadores de EEUU en su sabiduría decidieron que los hijos constituían una carga que no era natural para los padres. Así que crearon unas prisiones llamadas escuelas, equipadas con torturas llamadas educación."

JOHN UPDIKE

"La educación es la fabricación de ecos controlada por el Estado."

NORMAN DOUGLAS

"Los días de la escuela, considero, son los más infelices en la duración total de la existencia humana. Están llenos de tareas insulsas e ininteligibles, ritos nuevos y desagradables y brutales violaciones al sentido común y a la decencia común."

H. L. MENCKEN

> *"Usted no puede enseñarle nada a una persona; tan solo puede ayudarle a encontrar eso en su interior."*
>
> GALILEO

> *"Nunca permití que la escolarización interfiriera con mi educación."*
>
> MARK TWAIN

> *"Hay demasiada educación, especialmente en las escuelas norteamericanas."*
>
> ALBERT EINSTEIN

Cinco reglas para alcanzar la Interdependencia

Este capítulo intenta dejar clara la importancia tener buena comunicación y relaciones con otros seres humanos, desarrollando estrategias y herramientas para comunicarnos y entender a los demás. No obstante, una parte importante de este libro se desarrolla cerrando cinco preceptos fundamentales en el desarrollo interpersonal y dando importancia al desarrollo físico e intelectual como parte básica en la creación de relaciones.

★ REGLA 1 – Nivel físico

Desarrollar tus capacidades físicas, fuerza, coordinación, agilidad, resistencia, básicamente cuidar nuestra salud, tanto con entrenamiento como con buena nutrición.

Llevo más de la mitad de mi vida dedicando gran parte de mi tiempo y mis recursos al mundo de la actividad física y la salud, y he visto tanto en mi vida personal y profesional como con mis clientes cómo una serie de hábitos saludables de entrenamiento y nutrición pueden cambiar la vida de una persona.

Sólo tienes un cuerpo y te tiene que durar toda tu vida. El entrenamiento es un pilar básico para la mejora de nuestro cuerpo. La nutrición es un aspecto fundamental en nuestra salud. Y, como dice mi amigo, el reconocido entrenador personal Pablo Agea, "¿Le echarías Fanta a tu Bugatti porque te apetece, o porque de algo tiene que morir?"

"Desgracia es llegar a la vejez sin nunca ver la belleza y la fuerza de la que es capaz su cuerpo."

Sócrates

★ REGLA 2 – Nivel cognitivo

Desarrollar capacidades intelectuales y nuestra cultura general, conocer Historia, Lengua, Matemáticas y ampliar nuestros conocimientos en general.

Durante muchos años hemos creído que las personas que entrenaban o cuidaban mucho su alimentación tendían a ser personas brutas o incluso analfabetas. Después de muchos años de desinformación, por fin, la ciencia ha investigado sobre los beneficios de la nutrición y de la práctica del deporte. Según nuevos estudios, estos ayudan a la creatividad y la creación de nuevas conexiones nerviosas.

Es muy importante la mejora de nuestras capacidades intelectuales, ampliándolas mediante la lectura. El razonamiento crítico y nuestra creatividad van a prevenir muchas enfermedades mentales, como el Alzheimer. Las **enfermedades neurodegenerativas** son muy difíciles de tratar hoy en día, además de debilitantes, y producen la degeneración progresiva y/o la muerte de las neuronas. No tiene sentido ser una carcasa vacía.

Hay un viejo dicho que reza...

"La información es poder"

★ REGLA 3 – Nivel social

Mejorar habilidades sociales y de comunicación, y controlar las emociones.

¿Sientes tanta confianza en ti mismo como quisieras? Pocas personas podrían responder "sí" a esta pregunta. De hecho, todos hemos sentido inseguridad y falta de confianza en uno mismo, formando una barrera entre lo que somos y lo que queremos ser. Si mejoras a nivel físico y a nivel cognitivo, va a ser mucho más fácil mejorar la confianza en ti mismo, realizar más actividades, cursos, asistir a eventos y viajar, por lo que inevitablemente durante este proceso conseguirás una mejora a nivel social.

TU ZONA DE CONFORT SE EXPANDE
CUANDO TOMAS ACCIÓN

Nuestra confianza en nosotros mismos facilita nuestra comunicación con otros seres humanos, y nuestras experiencias y vivencias nos hacen más interesantes, de cara a atraer la atención de nuestros semejantes. Por tanto, es muy importante limitar nuestros miedos y trabajar la confianza en uno mismo.

El ser humano es el ser más emocional de todo el planeta, estamos conectados a otros seres humanos, es una realidad en el mundo en el que vivimos. Para ello es muy importante desarrollar habilidades para favorecer esta comunicación, esto incluye desde saber idiomas, hasta mejorar nuestra red de contactos y nuestra expresión oral, escrita y corporal, y muy de manera directa nuestros propios contactos para desarrollar la mejor Interdependencia.

Hay una frase que dice...

"Solo viajarás más rápido,
juntos llegaremos más lejos."

★ REGLA 4 – Nivel financiero y profesional

Desarrolla tu IQ financiero, tus habilidades y capacidades para aportar valor.

Hoy en día, en muchos contextos (sobre todo en ambientes de familia y amigos), está relativamente mal visto hablar de finanzas o de dinero. Creo que esto es un error. En mi experiencia, el tratar dicho tema como un tema tabú, está fuertemente correlacionado con una mala salud financiera y una falta de conocimiento en Finanzas.

El dinero NO es malo. Ganar dinero ofreciendo cosas que otra gente necesita (que es lo que hace un empresario), no es malo. Pero, por algún motivo, tenemos instalados en España el chip del pobrismo que nos hace asociar "ganar dinero" a "pisar a otras personas" o incluso a "robar". ¿Es éste quizá un ejemplo más de la cultura de la mediocridad en la que vivimos? Parece que hace sentir inseguros pensar que alguien pueda prosperar más que nosotros sin hacer trampas.

Si mejoramos a nivel físico, cognitivo y social, es mucho más fácil que mejoremos a nivel financiero y profesional, porque nuestras relaciones, además de ser más numerosas, serán mejores.

Esta regla desarrolla la importancia de mejorar habilidades profesionales, hasta aprender sobre inteligencia financiera. Entender que el dinero es una consecuencia que ha formado parte de los mayores avances del ser humano en toda la historia y que, pese al mal uso que muchos seres humanos hacen de él, el dinero en sí está basado en la confianza actualmente y, a ello debemos desde los avances de la medicina a los avances en tecnología y comunicación. Y para seguir avanzando como seres humanos, es importante tener la posibilidad de medrar e intentar hacer de este mundo un lugar mejor.

★ REGLA 5 – Nivel humano

Sentimientos humanos y autoconocimiento.

Esta regla nos da el equilibrio. Sabemos que recibir es importante, pero no podemos concebir el recibir sin haber dado primero. Cuando le hacemos la vida más fácil a otras personas, sentimos que estamos siguiendo el camino adecuado.

Esto puede resumirse en desarrollar tus puntos débiles como el ego, la avaricia, el miedo y reforzar los fuertes como ser humano, amor, generosidad, paciencia, gratitud, y utilizarlos para mejorar la vida de otras personas.

SI ALGUNAS PERSONAS CONOCIERAN LOS BENEFICIOS DE SER GENEROSO, SERÍAN GENEROSAS POR PURO EGOÍSMO

En la vida de todas las personas hay un momento en el que inevitablemente todo se acaba: la juventud, la fuerza, la energía y la salud. Somos orgánicos y eso significa que tenemos fecha de caducidad. Por eso, es muy importante entender que muchas de las cosas que hemos hecho en nuestra vida y que vamos a hacer las haremos por los beneficios que éstas tienen en nosotros mismos.

A muchas personas les cuesta entender que cuando ayudamos a los demás los primeros que estamos recibiendo ayuda somos nosotros. Nunca sabes la importancia que tienen tus palabras y todo lo que podemos ayudar a los demás sólo con la intención de hacerlo.

Cuando te des cuenta de que puedes estar muy fuerte y sano, ser muy inteligente, ser muy conocido y respetado como profesional, haber viajado mucho, tener mucho dinero y seguir siendo infeliz, serás consciente de que, si no cuentas con el amor de tus semejantes, sentirás un vacío que sólo podrás llenar ayudando a los demás, y que serán las sonrisas sinceras y palabras de afecto que recibas del mundo, lo que llenará ese vacío.

Una manera rápida y visual de entender este capítulo.

RECIBIR
ES LA PRUEBA
DE QUE ESTÁS DANDO
LO SUFICIENTE

Si mejoras tu físico, mejorarás a nivel cognitivo. Si a mejoras a nivel físico y cognitivo, tus habilidades sociales y contactos mejorarán a través de la confianza que ganes durante el proceso. Si mejoras a nivel mental, físico y cognitivo, es muy probable que mejores a nivel profesional y desarrolles tu IQ financiero. Por último, si consigues desarrollarte en estos puntos anteriores, te darás cuenta de que para alcanzar la felicidad tienes la necesidad de devolverlo a los demás.

ESTOICISMO COMO ARMADURA

A nivel personal descubrí el Estoicismo leyendo "Antifrágil" de Nassim Taleb, un libro que ha influido notablemente en este libro que estás leyendo. Debemos aprender la manera de hacer que nuestras vidas, públicas y privadas (nuestros sistemas políticos, nuestras políticas sociales, nuestras finanzas, etcétera) no sean simplemente vulnerables frente al azar y el caos, o que no se vean afectadas ante el azar como puede ser el caso del Ave Fénix, que renace de sus cenizas, sino que sean realmente "antifrágiles", que estén listas para sacar provecho o para beneficiarse del estrés, de los errores y del cambio, de la misma manera en que la mitológica Hidra de la historia de Heracles generaba dos cabezas nuevas cada vez que le cortaban una de ellas.

Me di cuenta de que una de las filosofías que más se acercaban a esta antifragilidad es el Estoicismo.

El Estoicismo es una concepción ética según la cual el bien no está en los objetos externos, sino en la sabiduría y dominio del alma, que permite liberarse de las pasiones y deseos que perturban la vida.

Influyente en el budismo, en el cristianismo y en absolutamente todas las filosofías que se han desarrollado a partir de principios y valores y que ha influido de manera directa en los mayores líderes de pensamiento humano y filósofos durante toda la historia.

CONVIÉRTETE EN LA PERSONA
QUE MÁS TE EXIGE.
SI LO ERES,
NO TE PREOCUPARÁ NADA
DE LO QUE SE PUEDA ESPERAR DE TI

- **El autocontrol.** Eres el único dueño y señor de tus emociones. Los niños y los animales pueden permitirse comportarse sin un control de sus emociones, pues no son hombres adultos.
- **El tiempo es un recurso limitado.** No tienes más que una vida y no tiene sentido perderla en lo banal de la vida de los demás. Es importante diferenciar que tipo de información es relevante para mejorar y que información es vacía. Nadie te está obligando a ver noticias del corazón o a cotillear el Instagram de nadie.

- **Elimina lo superfluo.** La vida se acaba. Cada día puede ser el último de tu vida, y la muerte, tanto tuya como la de las personas que más quieres, puede llegar hoy. No gastes tiempo en cosas que no harías si supieras que vas a morir hoy o que no te hace sentir orgulloso contar a tus nietos. No tiene sentido que tus hábitos de vida cotidiana se limiten a jugar a la consola y ver series.

- **Percepción de la realidad.** Esta corriente de pensamiento divide las emociones en buenas, indiferentes o malas. Aprende a gestionar que emociones te invaden, ya que eres el responsable de lo que sientes y de tus reacciones.

- **Dicotomía del control.** Un arquero puede practicar y practicar, elegir el mejor arco e incluso el objetivo, pero cuando dispara la flecha, su control sobre ésta desaparece. No tiene sentido preocuparse de las cosas de las que no tenemos el control. "Si voy a morir, moriré cuando llegue el momento. Como parece que aún no es la hora, comeré porque tengo hambre" dijo Epicteto. No te preocupes de lo que no tienes poder de influencia.

PREOCÚPATE MÁS POR TU CONCIENCIA
QUE POR TU REPUTACIÓN

TU CONCIENCIA ES LO QUE TÚ PIENSAS DE TI,
TU REPUTACIÓN ES LO QUE LOS DEMÁS
PIENSAN DE TI

Y LO QUE OTROS PIENSAN DE TI,
NO ES TU PROBLEMA

- **Reconciliación con el fracaso.** Los eventos extrínsecos son una oportunidad para desarrollar la virtud independientemente de las consecuencias. Abraza el fracaso como el mejor maestro que puedes tener, como una prueba de si estás a la altura de las circunstancias. "A veces se gana, pero siempre se aprende". El obstáculo es el camino.

- **El azar no existe;** es el simple desconocimiento causal de los acontecimientos. Si nuestra mente pudiera captar entender todas las relaciones causa-efecto del pasado, podría conocer mejor el presente y predecir el futuro. Este mundo es el mejor de todos los posibles y nuestra existencia contribuye a este proyecto universal. Por lo que, como veremos, no hay que temer al destino, sino aceptarlo.

Nadie nos agrede o nos hace sentir mal: somos los que decidimos cómo sentirnos. No culpemos a nadie por nuestros sentimientos: somos los únicos responsables de ellos. **Es lo que se llama asertividad.**

Según esta corriente filosófica solo podemos aceptar lo que nos pasa, nos guste o no. El bien y la virtud consisten, por tanto, en vivir de acuerdo con la razón, evitando las pasiones (pathos), que no son sino desviaciones de nuestra propia naturaleza racional.

La pasión es lo contrario que la razón. Es algo que sucede y que no se puede controlar, por tanto, debe evitarse. Las reacciones como el dolor, el placer o el temor, pueden y deben dominarse a través del autocontrol ejercitado por la razón, la impasibilidad (apátheia, de la cual deriva apatía) y la imperturbabilidad (ataraxia). Éstas surgirán de la comprensión de que no hay bien ni mal en sí, ya que todo

Cerca de Tokio vivía un anciano samurái que se dedicaba a enseñar el budismo zen a los jóvenes. A pesar de su edad corría la leyenda de que era capaz de vencer a cualquier adversario. Cierto día un guerrero conocido por su total falta de escrúpulos paso por la casa del viejo. Era famoso por utilizar la técnica de la provocación: esperaba que el adversario hiciera su primer movimiento para captar los errores y contraatacar con velocidad fulminante. El joven e impaciente guerrero jamás había perdido una batalla. Conociendo la reputación del viejo samurái, fue para derrotarlo y aumentar más su fama.

Los estudiantes del samurái que se encontraban presentes se manifestaron en contra de la idea, pero el anciano aceptó el desafío.

Entonces fueron todos a la plaza de la ciudad, donde el joven empezó a provocar al viejo. Arrojo algunas piedras en su dirección, lo escupió en la cara y le gritó todos los insultos conocidos ofendiendo incluso a sus ancestros. Durante varias horas hizo todo lo posible para sacarlo de sus casillas, pero el viejo permaneció impasible. Al final de la tarde el joven ya cansado y exhausto se retiró de la plaza.

Decepcionados por el hecho de que su maestro aceptara tantos insultos y provocaciones algunos le preguntaron:

—¿Cómo ha podido soportar tanta indignidad?¿por qué no uso la espada aun sabiendo que podría perder la lucha en vez de mostrarse como un cobarde?

El viejo samurái repuso:

—Si alguien se acerca a ti con un regalo y no lo aceptas, ¿a quién le pertenece el regalo?

—A quién intentó entregarlo, respondió uno de sus alumnos.

—Pues lo mismo ocurre con la envidia, la rabia y los insultos —añadió el maestro— cuando no son aceptados, continúan perteneciendo a quien los cargaba consigo.

lo que ocurre es parte de un proyecto cósmico. Solo los ignorantes desconocen el logos universal y se dejan arrastrar por sus pasiones.

El sabio ideal es aquel que vive conforme a la razón, está libre de pasiones y se considera ciudadano del mundo. El cosmopolitismo, que defiende la igualdad y solidaridad de los hombres.

El Estoicismo es una fuente de pensamiento e inspiración para muchas otras corrientes de pensamiento que se han desarrollado durante la historia.

- **Ataraxia.** Corriente del pensamiento griego que significa la ausencia de turbación, gracias a la cual un sujeto, mediante la disminución de la intensidad de pasiones y deseos que puedan alterar el equilibrio mental y corporal, y la fortaleza frente a la adversidad. La ataraxia es, por tanto, tranquilidad, serenidad e imperturbabilidad en relación con el alma, la razón y los sentimientos.

- **La Resiliencia.** La capacidad de los seres humanos para adaptarse positivamente a situaciones adversas. Sin embargo, el concepto ha experimentado cambios importantes desde la década de los 60. En un principio, se interpretó como una condición innata, luego se enfocó en los factores no solo individuales, sino también familiares, comunitarios y, actualmente, culturales.

- **Antifragil.** La antifragilidad es más que resiliencia o robustez (basado en el libro de Nassim N. Taleb). Lo robusto aguanta los choques y sigue igual; lo antifrágil mejora. Esta propiedad se halla detrás de todo lo que ha cambiado con el tiempo: las revoluciones, la innovación tecnológica, el éxito cultural, la supervivencia empresarial, las buenas recetas de cocina, el ascenso de ciudades, las bacterias resistentes... incluso nuestra existencia como especie.

- **Autotelia.** Basado en la logoterapia de Viktor Frankl, neurólogo y psiquiatra austríaco que obrevivió a varios campos de concentración nazis. Se conoce como autotelia a un conjunto de actitudes adoptadas por las personas que deciden tomarse a sí mismas como el medio principal para sentirse realizadas. Eso sí, para este tipo de personas no todo vale para lograrlo.

Nosotros somos los que decidimos que valores tenemos y que pensamientos habitan en nuestra conciencia. A veces, el precio a pagar por la vida es una incomodidad temporal. Pero ninguna comodidad de la tierra es comparable con el ser dueño de tus principios, valores y emociones.

El mundo mismo es un solo ser vivo, que, también él, concuerda consigo mismo. Es coherente consigo mismo, en el cual, como en una unidad sistemática y orgánica, todo se relaciona con todo, todo está en todo, todo necesita de todo.

Herramientas estoicas

1. Meditar sobre el pensamiento

> *"Si estás angustiado por algo externo, el dolor no se debe a la cosa en sí, sino a tu estimación de ella, y tienes el poder de evitarlo en cualquier momento"*
>
> MARCO AURELIO

Un hombre es atrapado por una terrible tormenta de viento y lluvia mientras atraviesa el desierto. Ciego de rumbo y luchando contra la arena que le lastima la cara, avanza con gran dificultad tirando de las riendas de su caballo y controlando de vez en cuando a su perro. De pronto, el cielo ruge y un rayo cae sobre los tres matándolos instantáneamente.

La muerte ha sido tan rápida que ninguno de ellos se da cuenta, y siguen avanzando, ahora por otros desiertos sin notar la diferencia.

La tormenta se disipa y rápidamente un sol empieza a calentar la arena haciéndoles sentir urgencia de reposo y agua. Pasan las horas y el hombre ve un oasis de agua palmeras y sombra, los 3 corren hacia allí y el guardia que cuida el lugar le informa:

—Tú puedes pasar, desconocido, pero tu caballo y tu perro se quedan fuera.

—Pero ellos tienen sed y vienen conmigo. Respondió.

—Te entiendo, pero este es el paraíso y aquí no entran los animales. Lo siento.

El hombre miró el agua... la sombra, y agotado dice:

—Así no.

Toma las riendas de su caballo y sigue caminando, horas, días y semanas después, encuentra otro oasis.

—Por favor, necesitamos agua y descanso.

—Claro adelante.

—No lo haré sin mi caballo y mi perro.

—Claro, a quien se le ocurre, todos los que llegan son bien recibidos.

—El hombre lo agradece y corren a hundirse en el agua.

—Pasamos por otro "Paraíso" antes de llegar aquí... pero no me dejaron pasar con ellos.

—Ah sí... dice el guardia. Ese lugar es el Infierno.

—Pero qué barbaridad —se queja el hombre—. Ustedes deberían hacer algo para traerlos al paraíso.

—No, ellos evitan que lleguen aquí los que son capaces de abandonar a sus amigos...

Ver lo que tienes delante a veces requiere un esfuerzo constante. El estoicismo enseña la clara distinción entre tus pensamientos y comportamientos. **La persona sin sentido actúa sin pensar. Por tanto, piensa antes de actuar.**

La próxima vez que te enfrentes a alguien en una conversación frustrante o si te sientes fuera de control, detente por un momento para procesar lo pasado y pregúntate: ¿cuál es la mejor forma de responder? El simple acto provoca la auto reflexión que necesitas para ponerle fin a las respuestas negativas e impulsivas.

2. Nuevo día, nuevo comienzo

"Comienza a vivir y cuenta cada día como una nueva vida."

Séneca

Si tuvieras 86.400 € y alguien te quitara 10 €, ¿tirarías los 86.390 restantes para "vengarte"?

¿O simplemente lo aceptarías, aprenderías y vivirías tu vida?

Tienes 86.400 segundos cada día, no dejes que 10 de negatividad te arruinen el resto.

Alberto Álvarez

Los estoicos veían cada día como una nueva oportunidad. Estás a un solo paso de cambiar de vida. Un día malo no significa que deba ser una mala semana. Cuando encuentras una manzana podrida la sacas del cesto antes de que estropee a las demás. Pon un fin al efecto dominó antes de que pequeñas decisiones se conviertan en grandes crisis.

3. Propósito y dirección

"Si una persona no sabe hacia qué puerto navega, ningún viento es favorable."

SÉNECA

Un estoico se despierta y sabe exactamente lo que quiere hacer en su día. Sus metas y su compromiso son claros. Si empiezas el día escribiendo tus metas, crearás un compromiso psicológico previo que aumentará la probabilidad de que se cumplan (profecía autocumplida) Toda acción debe estar conectada con el destino. De otra forma puedes navegar todo el día y terminar donde iniciaste.

4. Todo necesita su tiempo

"Lo mejor no se crea de la nada, así como un racimo de uvas o un higo. Si me dices que quieres un higo, te diré que debes darle tiempo. Deja que primero florezca, dé sus frutos y luego madure."

EPICTETO

La paciencia no es enemiga de la productividad. Es importante una vez estableces tus metas y plantas las semillas, respetar los plazos. Tratar de encontrar atajos constantemente hará que pierdas el plan. Olvidar que el camino es tan importante como el objetivo crea frustración.

5.   Ya estás ahí

> *"La verdadera felicidad es disfrutar el presente sin depender ansiosamente del futuro, no para divertirnos, ya sea con esperanzas o temores, sino para descansar satisfechos con lo que tenemos, lo cual es suficiente."*
>
> Séneca

Existe una paradoja sobre la felicidad y es la siguiente: creemos que los logros y el éxito traen la felicidad, cuando más de lo que pensamos, es la felicidad quien trae el éxito y los logros. La ciencia moderna ha descubierto lo que los estoicos lo supieron durante siglos. El Estado de Flow.

6.   Autenticidad (se honesto)

> *"Si yo fuera un ruiseñor, me gustaría hacer el papel de un ruiseñor; si yo fuera un cisne, la parte de un cisne."*
>
> Epicteto

Muchos nos inspiramos en modelos y mentores. Pero no has venido a la vida para ser la copia de alguien. El estoicismo encuentra el equilibrio entre la aceptación y el cambio entre el destino y el azar. Averigua cuáles son tus talentos y explótalos. Nuestros enfoques a veces están más fuera de nosotros que dentro y eso nos hace más pequeños.

7. Utiliza tu sentido de la responsabilidad

En el momento que decides que la suerte no existe, tú eres tu propia suerte.

8. Pide ayuda

Has venido a este mundo con la posibilidad de hacer algo más grande que tu mismo. Es imposible desarrollarse como persona sin ayuda de los demás. No lo haces por ti, lo haces por que es lo correcto.

9. Acepta la muerte *(memento mori)*

> *"Practica la muerte. Decir esto es decirle a alguien que ensaye su libertad. Una persona que ha aprendido como morir ha olvidado cómo ser un esclavo."*
>
> SÉNECA

Los estoicos de Grecia y Roma recomendaban tener la muerte presente en todo momento de modo que apreciaran más la vida.

Los estoicos miraban a la muerte a los ojos y la aceptaban como parte natural de la vida.

> *"El temor a la muerte deriva del temor a la vida. Un hombre que vive plenamente está preparado para morir en cualquier momento."*
>
> MARK TWAIN

> *"Recordar que vas a morir es la mejor forma que conozco para evitar la trampa de pensar que tienes algo que perder. Ya estás desnudo. No hay razón para no seguir a tu corazón."*
>
> STEVE JOBS

10.   No te creas en posesión de la única verdad

Mantén los ojos abiertos, abre tu perspectiva con la humildad del que sabe que no sabe.

La vida no tiene un sentido, la vida tiene el sentido que tu le das.

LA VIDA ES SUFRIMIENTO... Y DOLOR

El buda Shakyamuni consideró que la causa fundamental del sufrimiento era la tendencia del ser humano a desarrollar apegos de la más variada índole y el desconocimiento del principio de la transitoriedad de todos los fenómenos (el hecho de que todo está en constante cambio y nada permanece igual). El bienestar, la dicha, la suerte, el afecto, la salud y la prosperidad están sometidos al flujo incierto de la vida. Sin embargo, el ser humano sufre cuando se ve despojado de las cosas que le son valiosas, y se ve profundamente impactado cuando, por ejemplo, debe enfrentar la realidad de la muerte. Por ello, el Buda enseñó que una manera de no dejarse abatir por el sufrimiento era erradicar los deseos mundanos, o los impulsos derivados de la ilusión, y que tal condición de vida liberada de apegos conducía a la iluminación.

"La única constante en la vida es el cambio."

HERÁCLITO

"Los enemigos, como el odio y el apego, carecen de piernas, brazos y demás miembros, y no tienen coraje ni habilidad. ¿Cómo, entonces, han conseguido convertirme en su esclavo?"

SHANTIDEVA

Cuatro nobles verdades

- **Dukha.** Todo es sufrimiento. El nacimiento es sufrimiento, la vejez es sufrimiento, la enfermedad es sufrimiento, la muerte es sufrimiento, convivir con lo indeseable es sufrimiento, separarse de lo deseable es sufrimiento, no obtener lo que se desea es sufrimiento. Todo conlleva sufrimiento, la existencia y sus partes son sufrimiento."

- **Samudaya.** La noble verdad sobre el origen del sufrimiento es el deseo y los cinco venenos (Apego, Odio, Ignorancia, Ego, Celos), son los que producen nuevos renacimientos.

- **Nirodha.** La supresión del sufrimiento. Este cese es posible eliminando nuestro deseo, librándose del deseo-apego, abandonarlo para siempre, no dándole acogida en nosotros.

- **Magga.** El camino a la supresión del sufrimiento. El sendero óctuple, por ejemplo:

  1. Comprensión correcta.
  2. Pensamiento correcto.
  3. Palabra correcta.
  4. Acción correcta.
  5. Ocupación correcta.
  6. Esfuerzo correcto.
  7. Atención correcta.
  8. Concentración correcta.

Camino del Medio

El camino del medio cristaliza el camino por el que Gautama Buda alcanzó el estado de nirvana a través de la moderación que supone la huida de los extremos, tanto la indulgencia con los sentidos como la automortificación y a través de la práctica de la sabiduría, la moralidad y el cultivo de la mente.

Imaginemos que tenemos un frasco que contiene un líquido muy amargo y vertemos su contenido en un vaso de agua en el que bebemos. Es indudable que la mezcla nos va a saber amargo. Ahora imagina que echamos la misma cantidad de ese líquido en un contenedor de 10 litros de agua. Si lo probamos sin duda, aunque sigue sabiendo menos amargo, el grado es mucho menor. Esta es precisamente una de las enseñanzas de Buda.

El líquido amargo representa las cosas amargas de la vida, pérdida de salud, envejecimiento, pérdida de seres queridos, etc.

Sin embargo, si ampliamos nuestra consciencia (recipiente) reduciremos la experiencia dolorosa, que no tiene que ver con el hecho sino con la interpretación.

H ace 2.500 años, el príncipe Gautama Siddhartha, conocido como Buda que significa *"El Despierto"* en sánscrito, emprendió una búsqueda para descubrir un camino que permitiera a cualquier persona acabar con el sufrimiento en su vida.

Siddartha nació en el reino de Kapilavastu, en el norte de la India (actual Nepal), en la dinastía de los Sakhyas. Era hijo del rey Sudodhama y la reina Maya Devi. Según la costumbre, Suddhodana llamó a un sabio para que vea a su hijo. *"Signos supernaturales indican que este recién nacido será un gran asceta o se convertirá en un gran Rey",* le dijo el vidente. Al escuchar estas palabras, Suddhodana decidió resguardar a su hijo del mundo exterior y lo confinó al palacio, donde lo rodeó de placeres y riquezas. Entonces sucedió lo inevitable. A pesar de los esfuerzos de su padre, Gautama un día salió del palacio.

Ese día vio cuatro cosas que cambiaron su vida para siempre: un anciano, un enfermo, un muerto y un renunciante. Al saber que las primeras tres no eran visiones extrañas sino el destino inevitable de todos los seres humanos, Siddartha se conmovió profundamente. A los treinta años decidió renunciar al lujo de la vida de palacio para encontrar la respuesta al problema del dolor y del sufrimiento humano. Se acercó a su esposa y a su hijo que estaban dormidos y se despidió de ellos en silencio.

Primero se encontró con cuatro ascetas que practicaban sus disciplinas con mucha intensidad. Decidió unirse a ellos y llevar una vida de renuncia extrema en los bosques. Pero pronto llegó a la conclusión de que ese tipo de existencia no conducía a la paz y a la auto-realización, sino que simplemente debilitaba la mente y el cuerpo. De aquí proviene otro de los puntos centrales de las enseñanzas del budismo: el sendero medio. De su experiencia en el palacio y en los bosques, Buda concluye que el camino no está ni en el extremo de los placeres sensuales ni en el de las austeridades y las penitencias.

Su extraordinaria intuición, el convencimiento pleno de que ese camino existía y su compromiso de encontrarlo pese a todo fue lo que le permitió a este príncipe llevar a cabo sus extraordinarios hallazgos.

Después de siete años de búsqueda, decide sentarse en meditación con la inquebrantable determinación de no moverse hasta haber comprendido y realizado la verdadera naturaleza del Ser. Mientras estaba en meditación profunda bajo una higuera conocida como el árbol de Bodhi (árbol de sabiduría), Gautama experimentó el grado más alto de conciencia llamado Nirvana. En sus propias palabras: «La realidad que vino a mí es profunda y difícil de ver o entender porque está más allá del pensamiento». A partir de su iluminación, Siddartha Gautama fue conocido como Buda, "el Iluminado".

Buda no es considerado por los budistas un dios, sino un guía. Sus enseñanzas representan un camino para el despertar —Dharma—. En el budismo, la distinción fundamental no es entre lo que es bueno y lo que es malo sino entre el estar despierto o estar dormido. Según el budismo, en la raíz de nuestro sufrimiento no estaría la maldad, si no la ignorancia.

Para Buda, existían cuatro nobles verdades en relación con el sufrimiento humano:

Todo el mundo experimenta sufrimiento.

Hay una causa que origina el sufrimiento.

El sufrimiento puede ser eliminado.

Existe un camino para acabar con el sufrimiento.

Es importante diferenciar dolor de sufrimiento. El dolor es inevitable porque es parte de la condición humana, mientras que el sufrimiento es una creación de la mente dualista.

Al comenzar su enseñanza, pronto tuvo muchos discípulos en India ya que la mayoría hindú había quedado apartada por el brahmanismo ritualista. Buda proclamó su mensaje durante 45 años y estableció su comunidad de discípulos o Sangha. Murió a los ochenta en la luna llena de mayo.

MEDITAR, AYUNAR Y ESPERAR COMO SOLUCIÓN A TODOS TUS PROBLEMAS

En la obra Siddharta de Herman Hesse, el protagonista, un monje llamado Siddharta con pinta de mendigo, llega a la ciudad y se enamora de Kamala, una conocida cortesana, cuando intenta cortejarla ella le pregunta "¿Qué sabes hacer?" Él responde "Sé ayunar, meditar y esperar".

Pero ¿Para qué puede servir pensar, esperar y ayunar?

Eso mismo le pregunta un comerciante al que Siddharta pide trabajo para poder satisfacer los caprichos de Kamala.

—Pero permíteme: si no posees nada, ¿qué quieres dar?

—Cada uno da lo que tiene. El guerrero da fuerza; el comerciante, mercancía; el profesor, enseñanza; el campesino, arroz; el pescador, peces.

—Muy bien. ¿Y qué es, pues, lo que tú puedes dar? ¿Qué es lo que has aprendido? ¿Qué sabes hacer?

—Sé pensar. Esperar. Ayunar.

—¿Y eso es todo?

—¡Creo que es todo!

—¿Y para qué sirve? Por ejemplo, el ayuno... ¿Para qué vale?

—Es muy útil, señor. Cuando una persona no tiene nada que comer, lo más inteligente será que ayune.

Si, por ejemplo, Siddharta no hubiera aprendido a ayunar, hoy mismo tendría que aceptar cualquier empleo, sea en tu casa o en cualquier otro lugar, pues el hambre le obligaría. Sin embargo, Siddharta puede esperar tranquilamente, desconoce la impaciencia, la miseria; puede contener el asedio del hambre durante mucho tiempo y, además, puede echarse a reír. Para eso sirve el ayuno, señor.

La mayoría de nosotros cree que la libertad se alcanza mediante el control del prójimo, su sumisión. Ser más poderoso que el vecino. Pero el control, el poder, es esclavizante. Ser rico es muy caro. Ser poderoso es más esclavizante cuanto mayor sea la necesidad de identidad por parte de los demás. Cuanto más se tiene, más esclavo se es de su condición y más apego se crea a esa identidad.

Atenuar el dolor

Como has leído, en el budismo, se desarrolla entre muchas, la idea de que la vida es sufrimiento, y es mediante la consciencia al apego que tenemos a las cosas, ya sea algo material como un coche o una casa, una persona, como nuestra pareja o un hermano, o la propia juventud que inevitablemente algún día desaparecerá. Es el hecho de asumir estos hechos mediante la consciencia de la realidad lo que nos va a permitir controlar el sufrimiento llegado el momento.

Por otro lado, en el budismo diferencian el sufrimiento del dolor físico, siendo este dependiente del propio cuerpo y con ello perteneciente a otra realidad distinta.

Así que, bien, quería proponerte alguna de las ideas de un libro muy popular dentro de la medicina y la fisioterapia llamado "Explicando el dolor". En este libro desarrollan que, aunque evidentemente el dolor es algo real, no deja de ser una señal que manda nuestro cerebro a determinadas partes del cuerpo para avisar de que algo no está bien. Por eso, es muy importante interpretar correctamente esas señales, y saber de dónde provienen de cara no solo a tratarlo, sino a atenuar el dolor. Hay muchos casos de personas que no tienen dolor en zonas que han sufrido rotura de todo tipo de tejido y, en cambio, en otras zonas menos traumáticas reciben mucha más señal de dolor.

Por poner ejemplos, se ha observado en deportistas que después de un partido se quejaban de dolor en una rodilla a la hora de hacerles las pruebas era curioso que de la que se quejaban estaba notablemente más sana que de la que en un principio no sentían ninguna molestia.

Con esto no pretendo hacerte pensar que el dolor es una ilusión, sino que es una señal de nuestro cerebro, y como tal, al igual que el resto de los impulsos eléctricos que se producen desde ahí, son controlables y al igual que como hemos comentado ante con nuestras emociones, son atenuables.

El dolor es incómodo. De hecho, no saber que es el dolor o desconocer su origen y procedencia puede ser una limitación física enorme como seres humanos, gracias a los avances de la ciencia entendemos que lo que conocemos como dolor es una percepción y aviso de nuestro cuerpo para indicar que algo no funciona como debería, pero muy pocas veces ese dolor es incapacitante, no te limites por tu dolor.

En su primera etapa todo fue un camino de rosas. En 2005, tras el Roland Garros, teníamos un panorama espléndido. Pero se le detectó una lesión en el pie, algo congénito, y desde entonces ha convivido con un gran dolor. En muy pocas ocasiones ha conseguido jugar sin dolor. Ha tenido que parar entrenamientos por ese dolor. Un médico especialista nos dijo que no entendía ni cómo podía jugar, cuando otros pacientes con similar problema apenas podían ni andar bien. Lo que determina el éxito es la inteligencia emocional, la perseverancia y la disciplina. La formación del carácter. Creo que por eso Rafael ha triunfado en el deporte.

"Desde 2005 Rafael juega con un dolor crónico en el pie. En muy pocas ocasiones ha conseguido jugar sin dolor."

Otras filosofías de vida o religiones están inspiradas en las enseñanzas de buda del control de las emociones.

RECUERDA
LAS DECISIONES HECHAS CON RABIA
NO PUEDEN DESHACERSE

"No existe una venganza similar al olvido, porque es la sepultura de los indignos en el polvo de su propia insignificancia".

BALTASAR GRACIAN

CAPÍTULO 8

El auténtico sentido de la vida

No voy a descubrirte nada nuevo. En determinado momento perdiste la felicidad. Y, es muy probable que no fuera únicamente en una ocasión. Por desgracia las adversidades casi nunca vienen solas. Así que, si aún no has recibido ese golpe, te convino a que te prepares para ese momento. Es duro crecer pensando y creyendo que has venido a la tierra para ser feliz. Además, crecemos con la idea simplista de nuestros conocimientos básicos sobre biología pensando que los seres vivos nacemos, crecemos, nos reproducimos y morimos.

En un mundo donde el hombre occidental promedio vive más de 80 años, eso deja bastantes vacíos.

El psiquiatra Viktor Frankl desarrolló en su obra "El hombre en busca de sentido" que la primera fuerza motivacional del ser humano es la lucha por encontrar un sentido a su vida. Por eso aludía a la **voluntad del sentido,** en contraste tanto con el principio de placer o **voluntad de placer** del psicoanálisis Freudiano como con la **voluntad del poder** que enfatiza la psicología de Friedrich Nietzsche.

De hecho, lo único que puede quitarle las ganas de vivir a una persona no es la pérdida de la voluntad de poder, la demostración de fuerza que lo hace presentarse al mundo y estar en el lugar que siente que le corresponde (ambición de lograr sus deseos), ni la voluntad de placer, sino la voluntad del sentido.

Según Freud, rige el funcionamiento mental: el conjunto de la actividad psíquica tiene por finalidad evitar el dolor y procurar el placer. De hecho, esta voluntad del placer recuerda a la filosofía Epicúrea basada en la búsqueda del placer a través de la mesura.

La voluntad del sentido. Viktor Frankl nos desarrolla en su obra "El hombre en busca de sentido" en la que este psicoterapeuta narra sus vivencias durante varios años en distintos campos de concentración nazis y como no era ni la voluntad de poder ni la del placer lo que hacía que muchas de las personas sobrevivieran a muchas de las máximas penurias que ha experimentado el ser humano, y que no son los más fuertes, ni los genéticamente más preparados, ni como diría Darwin los mejor adaptados al medio, los que sobrevivían, sino los que tenían motivos más grandes por los que vivir. Muchos de ellos sobrevivían porque tenían esperanza de ver a sus familiares fuera, supieran o no que estaban con vida. En cambio, los que habían perdido a sus familias y no tenían un motivo (fuera el que fuera) acababan por perder el sentido y las ganas de vivir.

La esperanza de muchos de estos sobrevivientes para atarse a una fecha de liberación explicaba que la mayoría de estas muertes fueran después de fechas simbólicas, como el año nuevo o sus propias fechas de cumpleaños donde al ver que no habían sido liberados les hacía sentirse incapaces de sobrevivir otro año más.

En el hombre, la búsqueda del sentido de su vida constituye una fuerza primaria, no una "racionalización secundaria" de sus impulsos instintivos. Este sentido es único y específico, en cuanto es uno mismo quien tiene que encontrarlo; únicamente así logra al hombre un significado que satisfaga su voluntad de sentido.

> *"El hombre no necesita vivir sin tensión, sino esforzarse y luchar por una meta que merezca la pena."*
>
> VIKTOR FRANKL

El ser humano, no obstante, tiene la capacidad de vivir incluso morir por sus ideales. Hace unos cuantos años se realizó en Francia una encuesta de opinión. Los resultados demostraron que el 80% de la población encuestada reconocía que se necesita "algo" por qué vivir. Además, el 61% admitía que había algo, o alguien, en sus vidas por cuya causa estaban dispuestos incluso a morir. Esta encuesta se repitió en Viena y el resultado fue prácticamente igual al obtenido entre las miles de personas encuestadas en Francia. **La voluntad de sentido para muchas personas es cuestión de hecho, no de fe.**

Lo anterior confirma que la salud psíquica necesita cierto grado de tensión interior. La tensión existente entre lo que se ha logrado y lo que hay que conseguir, o la distancia entre lo que uno es y lo que debería ser.

Esta tensión es inherente al ser humano, y por tanto, indispensable para el bienestar psíquico (esto podría explicar la cantidad de nuevas enfermedades e intolerancias que han aparecido a finales del siglo xx y principios del siglo xxi donde podemos observar con claridad la falta de sentido en la vida de muchas personas.

No hay que amedrentarnos, pues al confrontar al hombre con el sentido de su existencia. Únicamente así despertaremos la voluntad del sentido del estado de latencia. **Es erróneo para la psicohigiene dar por hecho que el hombre necesita ante todo equilibrio interior o como se denomina en biología, "homeostasis": estado sin tensión ni estrés, en equilibrio biológico interno.**

Esto dividiría a los seres humanos en tres tipos, puesto que partiendo de la base que todos los seres humanos son racionales, no todos los seres humanos son conscientes o dominan sus emociones.

He dividido en tres tipos de ser humano basados en su nivel de consciencia con respecto al mundo.

• Seres humanos animales

Un tipo de ser humano basado en satisfacer sus necesidades animales, dejándose llevar por sus deseos y emociones sin pensar en las consecuencias de sus actos más allá de la saciedad de sus sentidos, por poner algunos ejemplos. Son seres humanos que comen sin mesura, sin plantearse el hambre que puedan tener o la saciedad de sus sentidos y llevan ese sinsentido incluso cuando alcanzan la saciedad de sus sentidos y continúan haciéndolo por gula incluso si esto puede ocasionar problemas de salud a corto, medio o largo plazo.

Estos seres humanos animales se dejan llevar más allá de sus sentidos en todos los ámbitos de la vida siempre en busca del placer de sus sentidos y la satisfacción de su EGO. Son caracterizados por infidelidad en las relaciones, la gula, la pereza, y la propia lujuria y como estas emociones se adueñan del SER y de la consciencia.

• Seres humanos epicúreos

El epicureísmo es la filosofía de la búsqueda la felicidad mediante placeres sexuales y espirituales y la evitación del dolor. Son seres humanos que como Freud desarrollaba, se mueven en su día a día por la voluntad de placer mediante la mesura y la evitación del dolor, son seres humanos inteligentes y más conscientes que pueden gestionar sus emociones pensando en las consecuencias de cara a sus objetivos a corto y medio plazo, mucho más conscientes que el tipo anterior. **Su propuesta es el equilibrio voluntario y consciente de estos placeres, no su eliminación; desarrollan que no es posible conocer el placer si no se conoce el dolor.**

No se disfruta de un banquete si no se conoce el hambre. Estos seres humanos se mueven en función de sus circunstancias y hay una disparidad en ellos en función del placer o del dolor que cada uno ha experimentado, por lo que no es posible determinar, qué nivel de placer es el que los mueve, o qué umbral de dolor físico y emocional son capaces de tolerar de cara a encontrar la felicidad en el momento presente pensando en sus objetivos.

• Seres humanos despiertos

El estoicismo desarrolla que el bien y la virtud consisten, por tanto, en vivir de acuerdo con la razón, "evitando" las pasiones (pathos), que no son sino desviaciones de nuestra propia naturaleza racional. **La pasión desenfrenada es lo contrario a la razón consciente**, es algo que sucede y que no se puede controlar. Por tanto, deben evitarse.

Las reacciones como el dolor, la lujuria o el temor, pueden y deben dominarse a través del autocontrol ejercitado por la razón y el entrenamiento, la impasibilidad (apátheia, de la cual deriva apatía) y la imperturbabilidad (ataraxia).

SER HUMANO
NO ES UN DERECHO,
ES UNA RESPONSABILIDAD,
SE CONSCIENTE DE TUS EMOCIONES,
PUES NADA MÁS TE DIFERENCIA
DE UN ANIMAL O UNA PLANTA

Estas surgirán de la comprensión de que no hay bien ni mal en sí, ya que todo lo que ocurre es parte de un proyecto cósmico. Solo los ignorantes desconocen el logos universal y se dejan arrastrar por sus pasiones.

Si nuestra mente pudiera encontrar la conexión de los hechos no creería en la suerte.

"No sufrimos por lo que nos pasa sino por la interpretación."

Epicteto

No puedes controlar lo que te pasa ni lo que te pasará, pero si puedes controlar tu reacción y tu comportamiento.

No puedes crear el mundo ideal, pues la realidad es ajena a ti. Pero puedes comportarte siempre de manera ideal.

Necesitas integridad, tus principios y el amor honesto es lo único que te quedará si lo pierdes todo.

Viktor Frankl desarrolló en la logoterapia; **"Tal vez puedas no ser feliz, pero siempre puedes darle sentido a tu vida"** hemos crecido creyendo que ser feliz es nuestro sentido de vida, y no es así, no solo nos movemos por dolor o por placer, como desarrollaba Freud, sino nos movemos por principios y valores y por la voluntad del sentido.

"Incluso vivir puede ser un acto de coraje."

Séneca

Nuestras metas determinan nuestra vida
(Propósito)

Adam Smith, el más famoso de todos los economistas y, uno de los filósofos más leídos de la modernidad, decía que detrás de todas aquellas búsquedas del hombre había un fin individual; y que el dinero y el poder eran el último interés de la conducta humana. Pero agregaba que esas dos búsquedas eran solo la garantía de recibir lo más importante y deseado: el reconocimiento del prójimo. Sentirse valioso, admirado y querido por los demás.

NO VIVAS EL MISMO AÑO 75 VECES Y LO LLAMES VIDA

Evalúa los riesgos, somos la suma de nuestras decisiones.

Cuentan que había una vez un hombre que trabajaba en un pequeño pueblo del interior de un lejano país. Había conseguido ese trabajo, un puesto muy codiciado, a pesar de que él vivía en una aldea vecina, al otro lado del monte. Cada día el hombre se despertaba en su pequeña casa donde vivía solo, preparaba sus cosas y salía al sendero para caminar durante horas antes de llegar a su trabajo. No había otra manera de viajar que no fuera a través del monte. El ritual se repetía al anochecer en dirección contraria hasta que el trabajador llegaba a su casa rendido y apenas tenía tiempo para cocinarse algo y dormir hasta el día siguiente.

Así durante cuarenta años...

Una mañana, al llegar al pueblo, casi sin haberlo pensado, se acerca a su jefe para decirle que va a dejar el trabajo. Le dice que ya no está en edad de hacer semejante caminata, dos veces al día, que lo ha hecho 40 años y no quiere hacerlo más.

El otro hombre, mucho más joven que él, él le pregunta con genuina sorpresa por qué en 40 años no se ha mudado de pueblo.

El trabajador baja la cabeza y contesta:

—Lo pensé. Pero como no sabía si el trabajo iba a durar no quise correr riesgos...

Jorge Bucay

¿Cuál es la principal diferencia entre las personas?

Tener o no tener propósitos

Y son propósitos los que determinan cuan felices van a ser en su día a día, ya que, a grandes rasgos, unos lo van a ser de manera casual y otros por una causa.

Ahora tú, ¿te has preguntado alguna vez hacia dónde te diriges?

La mayoría de las veces, la vida no va a darte una respuesta, has de encontrarla tú.

Estoy seguro de que te has dado cuenta de que hay personas que no tienen metas en la vida más que las que les han establecido sus familiares y las películas o libros que han leído en su infancia, como puede ser encontrar un trabajo prestigioso, encontrar su media naranja y tener hijos con esa persona.

El problema viene de que ahora no vivimos 50 años. Ahora las personas viven hasta los 90 años. Una vez estas personas consiguen sus metas de vida, comienzan las crisis. Para muchas personas, esto puede ser algo frívolo, pero cada vez conozco más chicas jóvenes cuya máxima motivación desde su adolescencia es que les hagan fijas en el trabajo para poder operarse los pechos, lo que me recuerda a esta cita de Mark Manson.

"Si tu parámetro de éxito en la vida es conseguir una casa grande y un coche de lujo, y te pasas 20 años persiguiéndolo puedes darle la bienvenida a tu crisis de mediana edad."

MARK MANSON

Un gusanito iba caminando en dirección al sol muy cerca del camino se encontraba un duende.

— ¿Hacia dónde te diriges? —preguntó.

Sin dejar de caminar, el gusano contestó:

—Tuve un sueño anoche: soñé que desde la cima de la montaña veía todo el valle. Me gustó lo que vi y he decidido realizarlo.

El duende dijo, mientras lo veía alejarse.

— ¡Debes estar loco! Cómo llegarás hasta allí siendo una simple oruga, para alguien tan pequeñito una piedra será una montaña, un charco el mar y cualquier tronco una barrera infranqueable.

Pero el gusanillo ya estaba lejos y no lo escuchó. De pronto se oyó la voz de un escarabajo:

—Amigo, ¿hacia dónde te diriges con tanto empeño? El gusanillo jadeante contestó:

—Tuve un sueño y pienso realizarlo, subiré esa montaña y veré el valle.

El escarabajo soltó una carcajada y dijo:

—Ni yo, intentaría una empresa así de ambiciosa y soy mucho más fuerte que tú —y se quedó riendo mientras la oruga continuaba su camino.

Del mismo modo la araña, el topo, la rana y la flor le aconsejaron desistir.

—No lo lograrás —le dijeron.

Pero en su interior había un impulso que lo obligaba a seguir, agotado, sin fuerzas, cerca de la muerte decidió detenerse para construir un lugar donde pernoctar.

—Estaré mejor aquí —fue lo último que dijo antes de morir.

Todos los animales del valle se acercaron a ver sus restos.

—Ahí está el animal más loco Del Valle: había construido como tumba un monumento a la insensatez. Este duro refugio era digno de quien había muerto por realizar un sueño imposible.

Una mañana en la que el sol brillaba de manera especial, todos los animales se congregaron en lo que se había convertido en una advertencia a soñadores atrevidos. De pronto quedaron atónitos. La concha comenzó a quebrarse y aparecieron unos ojos y una antena que no podían pertenecer a la oruga muerta. Poco a poco, como para darles tiempo de reponerse del impacto, fueron saliendo las hermosas alas de aquel impresionante ser que tenían frente a ellos: una espléndida mariposa.

No había nada que decir, pues todos sabían que haría: se iría volando hasta la gran montaña y realizaría su sueño.

El sueño por el que había vivido había muerto y había vuelto a vivir.

Desde aquí animo a esas personas a preguntarse si esas metas son suyas realmente o son metas preestablecidas y condicionadas por su entorno.

No obstante, muchas veces lo peor no es eso, sino algo que nos encontramos a diario: personas que se dan cuenta que no han vivido la vida que ellos decidieron y que su único propósito es que sus hijos vivan la vida que a ellos les hubiera gustado vivir.

Desarrolla tus metas, y que si ya las tienes las reafirmes con más fuerza que antes y vayas por tus sueños con más ganas que nunca.

Al transformarse uno se da cuenta de que hay cosas en tu interior que están cambiando, pero hay una parte sustancial que es la misma. "La mariposa, aunque con una identidad diferente, también es capaz de reconocer en su interior el gusano que fue". Cuando sales de la fase de gusano (para transformarte en mariposa) y entras en la zona oscura (el capullo), una posible reacción es volver atrás. Otra posible reacción es creer que la oscuridad no tiene sentido en sí misma, por lo que puedes caer en la desesperanza.

Finalmente, la tercera reacción es que en medio de la oscuridad te abras al misterio y pienses que lo mejor está por llegar.

SIGUE ADELANTE,

SÉ FUERTE,

RECUERDA, AÚN NO HA LLEGADO

EL PEOR DÍA DE TU VIDA,

NI EL MEJOR

La Fe es clave: saber que va a haber luz es el paso para llegar. Según la interpretación que hagas de la noche oscura así la vivirás como tu realidad.

En la noche oscura hay que desactivar **la amígdala.** ¿Cómo?

Con ejercicio físico, que libera oxitocina que bloquea la amígdala.

Busca alguien con quien te rías y aléjate de los que te chupan la energía, porque segregarás beta-endorfinas, que también bloquea la amígdala.

> La amígdala es, el principal núcleo de control de las emociones y sentimientos en el cerebro, controlando asimismo las respuestas de satisfacción o miedo. Sus conexiones no solo producen una reacción emocional sino que debido a su vinculación con el lóbulo frontal también permite la inhibición de conductas.
>
> Dr. Mario Alonso Puig

Buscar alguien a quien contarle lo que sientes sin esperar que te solucione el tema. También libera oxitocina.

El problema del pensamiento positivo es el mal uso con el que muchos gurús han desarrollado su marketing barato. Pero, cada día tenemos más evidencia de la respuesta hormonal positiva que tiene encarar las circunstancias adversas de la vida desde un punto de vista positivo y cómo nuestro cuerpo genera respuestas en función de nuestro lenguaje y emociones, cómo esto es determinante para nuestra felicidad.

EL MUNDO NADA TE DEBE, ÉL LLEGÓ PRIMERO

Durante este libro hemos desarrollado que demasiadas veces actuamos de manera reactiva, esperando una respuesta a nuestros actos. Paradójicamente no hay nada que pueda frenarte más que la expectativa de una recompensa. No hay nada más grande que actuar por uno mismo sin esperar nada a cambio.

Como entrenador he observado que la diferencia en los resultados entre muchos de mis atletas depende en la capacidad que tienen por hacer algo por ellos mismos o bien esperando una respuesta de su alrededor.

He observado que el rendimiento de muchas de estas personas baja cuando pierden el foco en lo que hacen y buscan una respuesta externa, desde un espejo, a un compañero de entreno, su entrenador o el resto de personas con el que comparte la sala, puede parecer irrelevante, pero cuando desarrollamos esto con perspectiva, nos damos cuenta de que los mejores atletas y los que progresan más son los que cuando están entrenando están concentrados en ellos mismos y en realizar la actividad lo mejor posible y no miran a su alrededor o están pensando en la foto que se van a hacer para compartir en las redes sociales. En otros ámbitos, vemos como en muchas personas siguen estudiando lo que es tradición en la familia o lo que más salidas tiene por lo que están volviendo a hacer las cosas esperando algo del mundo.

HACER COSAS
SIN ESPERAR NADA A CAMBIO
ES EL CAMINO PARA HACER CADA VEZ MÁS COSAS

Un granjero escocés, mientras intentaba ganarse la vida para su familia, oyó un lamento pidiendo ayuda que provenía de un pantano cercano.

Dejó caer sus herramientas y corrió al pantano.

Allí encontró hasta la cintura en el estiércol húmedo y negro a un muchacho aterrado, gritando y esforzándose por liberarse.

El granjero salvó al muchacho de lo que podría ser una lenta y espantosa muerte.

Al día siguiente, llegó un carruaje elegante a la granja. Un noble, elegantemente vestido, salió y se presentó como el padre del muchacho al que el granjero había ayudado. "Yo quiero recompensarlo", dijo el noble. "Usted salvó la vida de mi hijo". No, yo no puedo aceptar un pago por lo que hice", contestó el granjero escocés.

En ese momento, el hijo del granjero vino a la puerta de la cabaña.

—¿Es su hijo? —preguntó el noble.

—Sí —contestó el granjero orgullosamente.

—Le propongo hacer un trato. Permítame proporcionarle a su hijo el mismo nivel de educación que mi hijo disfrutará. Si el muchacho se parece a su padre, no dudo que crecerá hasta convertirse en el hombre del que nosotros dos estaremos orgullosos.

Y el granjero aceptó.

El hijo del granjero asistió a las mejores escuelas y, al tiempo, se graduó en la Escuela Médica del St. Mary's Hospital en Londres, siguió hasta darse a conocer en el mundo como el renombrado Dr. Alexander Fleming, el descubridor de la Penicilina.

Años después, el hijo del mismo noble que fue salvado del Pantano enfermó de neumonía... ¿Qué salvó su vida esta vez?... ¡La penicilina! ¿Y saben cuál era el nombre del noble?: Sir Randolph Churchill. ¿Y el nombre de su hijo? Sir Winston Churchil.

Toda relación es una relación de dar y recibir.

El dar engendra el recibir y el recibir engendra el dar. Lo que sube debe bajar y lo que se va debe volver. En realidad, recibir no es lo mismo que dar porque dar y recibir son aspectos diferentes del flujo de la energía en el universo, aunque muy complementarios; si detenemos el flujo de alguno de los dos obstaculizamos el flujo de la inteligencia de la naturaleza. En toda semilla esta la promesa de miles de bosques, pero la semilla no debe de ser acaparada; ella debe dar su inteligencia al suelo fértil, a través de su acción de dar su energía invisible fluye para convertirse en una manifestación material. Cuanto más demos, más recibiremos porque mantendremos la abundancia del universo circulando en nuestra vida.

En realidad, todo lo que tiene valor en la vida se multiplica únicamente cuando es dado. Lo que no se multiplique a través del dar, ni vale la pena darlo, ni vale la pena recibirlo.

Si al dar sentimos que hemos perdido algo, entonces el regalo no ha sido dado en realidad y no generará abundancia. Cuando damos a regañadientes, no hay energía positiva detrás de nuestra acción de dar. En el dar y recibir lo más importante es la intención, la intención debe de ser crear felicidad para quien da y para quien recibe, porque la felicidad sustenta y sostiene la vida, y por tanto, genera abundancia. La retribución es directamente proporcional a lo que se da, cuando el acto es incondicional y sale del corazón. Por eso el acto de dar debe ser alegre; la actitud mental debe ser tal que se sienta en el acto la alegría de dar. De esa manera la energía que hay en el acto de dar aumenta muchas veces más. En realidad, practicar la ley del dar es muy sencillo: sí.

DEEPAK CHOPRA

NO ESPERES NADA POR HACER ALGO LA VIDA TE LO ACABA DANDO

Alguien dijo una vez:

"Lo que va, regresa multiplicado"

Así que trabaja como si no necesitaras el dinero.

Ama como si nunca hubieses sido herido.

Baila como si nadie estuviera mirando.

Canta como si nadie escuchara.

Vive como si fuera el Cielo en la Tierra.

La primera vez que fui como atleta al Arnold Classic (uno de los eventos fitness más populares del mundo), fue a través de una empresa de bebidas energéticas sueca llamada NOCCO. Una de nuestras tareas como representantes de la marca, además de dar a conocer el producto dando muestras y mostrando sus beneficios era mostrar y vender producto a los asistentes de la feria.

En uno de los casos un cliente americano quería comprar producto, pero quería pagar con tarjeta. La política de la empresa en el evento era únicamente pago en efectivo. Uno de los directores informó a este cliente de que, si quería pagar, tenía hacerlo en efectivo, pero esta persona solo tenía dólares americanos.

Le dije al encargado de marca que le permitiera pagar en dólares (total estábamos regalando producto), pero el responsable siguiendo los patrones de la marca decía que no podíamos hacerlo, decidí intervenir y cambiar al americano con mi propio dinero, porque me parecía un problema burocrático ridículo. Cuando este cliente finalmente pudo hacer su compra me dio las gracias y me pidió por favor me quedara con el cambio.

En ningún momento fue buscando una recompensa.

Lo que quiero transmitir con este mensaje es que cuando tienes mentalidad de abundancia y quieres aportar a los demás, el universo conspira para devolverte más de lo que das, y **nada es más reconfortante (y menos frustrante) que dar sin esperar recibir nada.**

El egoísmo y el miedo

Hay personas que no quieren lo que tú tienes, quieren que tú no lo tengas.

Personas que en lugar de entrenar te dicen, si levantas peso te vas a hacer daño.

Emprender es más difícil de lo que crees, es mejor que oposites y busques un trabajo seguro para toda la vida.

No sé para qué te cuidas tanto si te vas a morir igual.

En definitiva, personas que no quieren verte arriba porque creen que a ellos les hace estar abajo, personas que desean que caigas para decirte, te lo dije, te dije que era imposible y yo tenía razón y tú no.

Si estas personas supieran los beneficios de ayudar o aportar a los demás serían generosas por puro egoísmo.

EL AMOR VERDADERO

En su obra "*The Colours of Love*" (1973), John Allan Lee, sociólogo de la universidad de Toronto y destacado investigador en el área de la sexología, desarrolla que al referirse al amor no todas las personas saben expresarlo de la misma manera o lo sienten con la misma intensidad. Lo que para uno puede ser amor verdadero, otro puede interpretar un simple capricho pasajero. Es por ello que, la psicología define a los diferentes tipos de amor según el lenguaje corporal y el comportamiento de la persona.

John Allan, desarrollaba varios tipos de amor, como amor lúdico, amor pragmático, amor amistoso, amor erótico, amor obsesivo y amor altruista, el problema de lo que conocemos como amor por especialistas y profesionales es que únicamente reconocen el amor, en las relaciones sentimentales humanas lo que significa limitar a la fuerza más grande conocida por el ser humano, que es el amor.

El amor es mucho más que las mariposas en el estómago cuando conoces a alguien especial, el amor es mucho más que echar a alguien de menos o sentirse vacío cuando esa persona desaparece, el amor es energía, el amor es el motor que mueve la vida, no hay otra fuerza en la tierra que supere al amor verdadero, todo lo que te mueve a la acción es amor.

El amor propio es lo que alimenta a tu disciplina, a tus hábitos, y a tu ambición.

El amor fraternal es lo que te haría donar un riñón a un buen amigo o perder un brazo por un hermano.

El amor paterno o materno es lo que te hace dedicar una vida de trabajo y sacrificio por sacar adelante a una familia, todas estas cosas nos han demostrado con hechos durante toda la historia de desarrollo emocional del ser humano, que hemos venido a esta tierra para algo más que ser felices, hemos venido porque hay una fuerza que todavía no podemos entender, pero que no podemos evitar pues no hay duda de que existe.

Carta de Albert Einstein a su hija finales de los años 80, Lieserl. La hija del célebre genio donó 1.400 cartas escritas por Einstein a la Universidad Hebrea, con la orden de no hacer público su contenido hasta dos décadas después de su muerte. Esta es una de ellas… a Lieserl Einstein:

> Cuando propuse la teoría de la relatividad, muy pocos me entendieron, y lo que te revelaré ahora para que lo transmitas a la humanidad también chocará con la incomprensión y los prejuicios del mundo. Te pido, aun así, que la custodies todo el tiempo que sea necesario, años, décadas, hasta que la sociedad haya avanzado lo suficiente para acoger lo que te explico a continuación. Hay una fuerza extremadamente poderosa para la que hasta ahora la ciencia no ha encontrado una explicación formal. Es una fuerza que incluye y gobierna a todas las otras, y que incluso está detrás de cualquier fenómeno que opera en el universo y aún no haya sido identificado por nosotros. Esta fuerza universal es el AMOR.

Cuando los científicos buscaban una teoría unificada del universo olvidaron la más invisible y poderosa de las fuerzas.

El Amor es Luz, dado que ilumina a quien lo da y lo recibe. El Amor es gravedad, porque hace que unas personas se sientan atraídas por otras.

El Amor es potencia, porque multiplica lo mejor que tenemos, y permite que la humanidad no se extinga en su ciego egoísmo. El amor revela y desvela. Por amor se vive y se muere.

El Amor es Dios, y Dios es Amor. Esta fuerza lo explica todo y da sentido en mayúsculas a la vida. Ésta es la variable que hemos olvidado durante demasiado tiempo, tal vez porque el amor nos da miedo, ya que es la única energía del universo que el ser humano no ha aprendido a manejar a su antojo.

Para dar visibilidad al amor, he hecho una simple sustitución en mi ecuación más célebre. Si en lugar de E= mc2 aceptamos que la energía para sanar el mundo puede obtenerse a través del amor multiplicado por la velocidad de la luz al cuadrado, llegaremos a la conclusión de que el amor es la fuerza más poderosa que existe, porque no tiene límites.

Tras el fracaso de la humanidad en el uso y control de las otras fuerzas del universo, que se han vuelto contra nosotros, es urgente que nos alimentemos de otra clase de energía. Si queremos que nuestra especie sobreviva, si nos proponemos encontrar un sentido a la vida, si queremos salvar el mundo y cada ser siente que en él habita, el amor es la única y la última respuesta. Quizás aún no estemos preparados para fabricar una bomba de amor, un artefacto lo bastante potente para destruir todo el odio, el egoísmo y la avaricia que asolan el planeta. Sin embargo, cada individuo lleva en su interior un pequeño pero poderoso generador de amor cuya energía espera ser liberada. Cuando aprendamos a dar y recibir esta energía universal, querida Lieserl, comprobaremos que el amor todo lo vence, todo lo trasciende y todo lo puede, porque el amor es la quinta esencia de la vida. Lamento profundamente no haberte sabido expresar lo que alberga mi corazón, que ha latido silenciosamente por ti toda mi vida.

¡Tal vez sea demasiado tarde para pedir perdón, pero como el tiempo es relativo, necesito decirte que te quiero y que gracias a ti he llegado a la última respuesta!

Ama a quien te ama, valora a esa persona que está junto a ti, incluso en los momentos en los que ni tú mismo(a) te soportas, quienes te aman están junto a ti en los momentos difíciles. Fácil es estar en los buenos momentos, difícil es que estén junto a ti cuando más necesitas apoyo y atención.

No permitas que la costumbre de tenerlo o tenerla, te arrebate de a poco ese alguien especial que la vida te ha dado. Recuerda que en los seres humanos el exterior no siempre demuestra lo que en el interior se siente, cuida, escucha, atiende.

Y sobre todo ama. Hasta que tus fuerzas se agoten, y si te agotas, descansa y vuelve a amar. Renueva los sentimientos y no desmayes.

Se feliz y haz feliz.

Tu padre: Albert Einstein

**Lo que mueve tu propósito en la vida es tu amor,
lo más grande en la vida no es la felicidad,
no es el propósito, lo único que te mantiene
pegado a esta tierra es el amor**

CUANDO QUIERES UNA FLOR, LA CORTAS,
CUANDO ENTIENDES QUE NO TE PERTENECE,
LA AMAS Y LA RIEGAS TODOS LOS DÍAS

"Cuando logramos asumir que nada en este mundo nos pertenece, absolutamente nada, ni tu casa, ni tu coche, ni tu ropa, ni tu dinero, ni tu pareja, ni tus amigos, ni tu perro, ni tus pensamientos, ni tu inteligencia, cuando logras asumir que todo simplemente te acompaña y nunca te pertenece, en ese momento es cuando empiezas a disfrutar de cada detalle y lo valoras con la igualdad que se merece.

No te sientas culpable por tus fracasos del mismo modo que no te regocijes de tus éxitos. Porque en ambos casos. No te pertenecen."

ROBERTO VIDAL

NADIE ES TÚ

Te contaré algo que ya sabes, pero que seguro que aún no estás aprovechando como deberías.

Nadie más es tú. Ni sabe lo que tú sabes. Ni ha vivido lo que has vivido, ni ha pasado por lo que has pasado, puedes verlo como una desventaja, o a partir de hoy empezar a verlo como la ventaja que es.

Hace mucho tiempo vivía un Califa avaro y cruel, loco por las apuestas. Se decía que sólo apostaba cuando tenía la certeza de ganar. Siempre imponía las condiciones del juego.

Un día vio en su patio una enorme pila de ladrillos, ante la cual propuso:

—Apuesto a que nadie es capaz de transportar esta pila de un lado al otro del patio antes de que el Sol se ponga.

Un joven albañil le preguntó:

— ¿Cuál sería la apuesta?

— 10 tinajas de oro, —respondió el califa.

— ¿Y si no? —preguntó el joven.

— Te cortaré la cabeza —contestó el califa.

Tras dudar, contestó:

—Acepto con una condición: podrás detener el juego, pero si lo haces, me darás una tinaja de oro.

Sorprendido por la condición y tras meditar para tratar de encontrar la trampa, aceptó la condición del albañil.

El joven empezó a transportar los ladrillos y tras una hora de trabajo, sólo había transportado una pequeña parte, sin embargo, sonreía.

— ¿Por qué sonríes? —preguntó el califa. Está claro que vas a perder. Nunca lo conseguirás.

—*Te equivocas* —*contestó el joven. Voy a ganar.*

Ante la respuesta, el califa empezó a inquietarse. ¿Se habría olvidado de algo? La condición era sencilla, era imposible poder transportar los ladrillos en el día. Harían falta varios hombres más.

A lo largo del día, el califa se sentía cada vez más turbado, pese a que la pila de ladrillos estaba casi entera. Estaba claro que no iba a ganar la apuesta, entonces ¿por qué sonreía?

—*¿Por qué sonríes?* —*le preguntó nuevamente cuando quedaba ya unas pocas horas para que se escondiese el Sol.*

El joven albañil, pese al cansancio, le respondió:

—*Sonrió porque voy a ganar un tesoro.*

—*Es imposible* —*le dijo el califa. La pila de ladrillos es muy alta todavía y el Sol cae.*

—*Has olvidado algo muy sencillo* —*le contestó nuevamente el joven albañil.*

—*¿Qué me he olvidado?* —*preguntó.*

—*¿Quieres detener el juego?* —*contestó el joven. Eso significará que habré ganado la apuesta y habrás perdido una tinaja de oro.*

—*¡Sí, sí!, ¡dime qué me he olvidado.*

—*Sencillo: te has olvidado de que podías perder la confianza en ti mismo.*

Cada golpe recibido y cada vivencia te ha hecho como eres y puedes explotarte muchísimo mejor de cómo imaginas. Te invito a que te analices a ti mismo y empieces a verte desde fuera y desarrollar todo tu potencial.

Lo único que necesitas es confianza.

LA CONFIANZA LO ES TODO

Si crees que estás vencido, lo estás.

Si crees que no te atreves, así es.

Si te gusta ganar, pero crees que no puedes, es casi seguro que no lo lograrás.

Si crees que perderás, estás perdido, porque la vida nos muestra que el éxito empieza en la voluntad del hombre, todo está en nuestro estado de ánimo.

Si crees que eres superior, así es.

Has tenido que pensar alto para ascender.

Has tenido que estar seguro de ti mismo para poder obtener alguna recompensa.

Las batallas de la vida no siempre favorecen a los hombres más fuertes o rápidos, pues tarde o temprano, el hombre que gana es aquel que cree poder hacerlo.

SI NECESITAS MOTIVACIÓN ESTÁS JODIDO

La vida se acaba y me dices que no estás motivado.

Seguro que estás cansado de leer "Recuerda por qué empezaste". Es una frase chula, pero si has llegado a este punto, estás jodido. Llevas demasiado sin exponerte, sin equivocarte y sin arriesgarte, es muy probable que precisamente por ese motivo no hayas conseguido nada de lo que sentirte orgulloso. En ese caso ¿para qué seguir, y peor aún hacia dónde y por qué?

> *Cuando no sabes hacia donde navegas ningún viento es favorable.*
>
> SÉNECA

Asegúrate de tener un por qué

Hace 500 años Hernán Cortés utilizó una herramienta que ya desarrolló Alejandro Magno en el año 335 a. C. al llegar a la costa de Fenicia, en una de sus más grandes batallas.

> Cortés y su expedición a México. Teniendo bajo su mando a más de 500 hombres y 11 barcos, navegó de Cuba a la costa de Yucatán en 1519. Llegando a tierra, hizo algo que solo tenemos registro de que se hiciera una vez en la historia: quemó sus naves. Al despojarse de toda forma de retirada, Cortés comprometió a todas sus fuerzas y a sí mismo con la causa. Ir a conquistar o morir.

Desde luego hay momentos que hacer lo mejor que podemos es todo lo que podemos hacer. Pero también piensa que hay un momento para actuar. ¿Le prestarías 5.000$ a un socio que te dijera: "Intentaré de devolvértelos"¿Te casarías si tu pareja al preguntársele si deseaba ser su esposo dijera: "haré el intento?".

¿Entiendes de qué se trata?

Una vez escuché una anécdota sobre un capitán y un teniente:

> —Teniente, haga el favor de enviarme esta carta.
> —Haré lo que pueda, señor.
> —No, no quiero que haga lo que pueda, quiero que la entregue.
> — Lo haré o moriré, señor.
> —Me malinterpreta, teniente, no quiero que muera, quiero que la entregue.
> Finalmente el teniente lo entendió.
> —Lo haré señor.

Una vez comprometidos con nuestra labor, nuestro poder aumentará. "Si haces una cosa" dijo Ralph Waldo Emerson "tendrás el poder".

Cuando te comprometes con una meta, hallas el modo y los medios de realizarla.

> *"Sea lo que puedas hacer o soñar, puedes iniciarlo. La audacia tiene genialidad poder y magia."*
>
> GOETHE

Para Ralph Waldo Emerson la mayor desgracia de un ser humano estribaba en no encontrar en su vida a nadie que le ayudará a descubrir lo que realmente podía llegar a hacer.

> *"Las personas serán más creativas cuando se sientan motivadas principalmente por el interés, la satisfacción y el desafío del propio trabajo y no por las presiones externas."*
>
> W. Edwards Deming

Un líder sabe poner en marcha talentos, talantes y posibilidades que al no ser obvios parecen inexistentes (y, por tanto, imposibles) para la mayoría de las personas:

Tener la posibilidad de decidir que lo que haces nace desde ti mismo y no desde una motivación externa es el mismo poder de un país que tiene recursos y fuentes de energía propias para prosperar.

Desde aquí te invito a que tú mismo seas tu propia y tu máxima motivación.

> "Todos nacemos con una motivación intrínseca, con una dignidad y una necesidad de aprender. Nuestro sistema de *management* actual lo destruye todo al reemplazarlas por una motivación extrínseca y por el enjuiciamiento continuo de las personas."

No me malinterpretes, no digo que no tengas motivación externa, soy el primero que recibe motivación de muchísimas personas que son mi gasolina y me ayudan a llegar aún más lejos, sólo te invito a que pienses sobre esto.

LA COMODIDAD ES UNA DROGA

LA COMODIDAD
GENERA ADICCIÓN
Y ES DIFÍCIL SALIR DE AHÍ

DALE A UN HOMBRE DÉBIL
BUENA COMIDA, SEXO ABUNDANTE
Y ENTRETENIMIENTO BARATO
Y ACABARÁS CON SU AMBICIÓN

NO TE TOMES LA VIDA TAN ENSERIO, NO VAS A SALIR VIVO DE ELLA

Elisabeth Kübler-Ross fue una psiquiatra suizo-estadounidense. Además de una carrera vocacional en la medicina donde fue voluntaria para ayudar a enfermos y moribundos durante la postguerra en la Segunda Guerra Mundial, dedicó su vida a estudiar las emociones de las personas que saben que van a morir.

> *"Haced lo que de verdad os importe... sólo así podréis bendecir la vida cuando la muerte esté cerca."*
>
> ELISABETH KUBLER ROSS

Autoridad mundial en este campo, propone que se afronte la muerte con serenidad e incluso con alegría. Tras una vida dedicada a ayudar a personas en el final de sus

En un oasis escondido en los lejanos paisajes del desierto, se encontraba de rodillas el viejo Eliahu, al costado de algunas palmas datileras. Su vecino Hakim, el acaudalado mercader, se detuvo en el oasis para abrevar a sus camellos y vio al viejo cavando en la arena.

—La paz sea contigo anciano.

—Y contigo —respondió Eliahu sin dejar de cavar.

—¿Qué haces cavando aquí con este calor?

—Siembro —contestó el viejo.

—¿Qué siembras?

—Dátiles —dijo señalando el palmar.

—¡Dátiles! —repitió Hakim como quien escucha una estupidez. El calor te ha dañado el cerebro querido amigo. Deja esa tarea y vamos a la tienda a beber una copa.

—No, debo terminar la siembra. Luego si quieres, beberemos.

—Dime, amigo, ¿Cuantos años tienes?

—No sé: 60, 70, 80, no sé... lo olvidé, ¿pero eso que importa?

-Mira, amigo, las datileras tardan más de 50 años en crecer, y solo entonces verás el fruto, no te deseo el mal y lo sabes, ojalá vivas más de 100 años, pero sabes que es difícil disfrutaras esa cosecha. Déjalo y ven conmigo.

—Hakim, yo como los Dátiles que otro sembró, otro que tampoco soñó con probarlos. Siembro para que otro pueda comerlos mañana. Y aunque solo fuera por el honor del desconocido vale la pena terminar la tarea.

—Me has dado una gran lección Eliahu; déjame que te ayude por enseñanza —dijo Hakim.

vidas, decía que de lo que más se arrepentían las personas en su lecho de muerte era de no haberse atrevido más: les hubiera gustado intentar más cosas, ser más valientes, haber vivido por sus propios sueños y no por el de los demás, de haber dado y recibido más cariño, de haber sido más amor y menos miedo.

> *"El temor a la muerte deriva del temor a la vida. Un hombre que vive plenamente está preparado para morir en cualquier momento."*
>
> MARK TWAIN

Bukowski una vez escribió:

> "Todos vamos a morir, todos nosotros. Tal vez debería bastar con eso para amarnos los unos a los otros, pero no es así. Nos aterrorizan las trivialidades de la vida; nos devora la nada".

El amor es energía, y solo está viva la persona que vive por y para el amor.

....

EPÍLOGO

El autor sobre el contexto

Creo que todos tendemos a atribuirnos más mérito del que solemos tener. Somos la consecuencia de muchas cosas. Y, como diría Ortega y Gasset, somos víctimas de nuestras circunstancias.

Me llamo Pedro, y en mi juventud y adolescencia, siempre procuré formar parte del rebaño. De hecho, no paraba a cuestionarme nada. Sólo quería encajar. Pero no de cualquier manera, quería formar parte de un sistema que nunca me llegué a plantear si me gustaba o no. No quería estar solo, y para ello, muchas veces acababa en ambientes que, aunque sabía que no eran para mí, eran lo único que encontraba. Hoy doy gracias a internet y las redes sociales por ponerme en contacto con personas que eligiesen ser valientes y compartieran sus sentimientos y formas de ver el mundo.

A raíz de varios, por llamarlos de alguna manera, "choques", comencé a plantearme a donde me llevaba lo que hacía.

Estos choques, que van desde problemas sociales en el colegio (aunque la palabra 'bullying' no apareció hasta comienzos del nuevo milenio, los abusones han existido desde la época Neandertal) a malos resultados académicos, desembocaron en problemas en casa.

Todo esto sumado a las altas expectativas que mis padres depositaron en mí para asegurarme un buen porvenir académico, junto con la ausencia de la práctica deportiva y al hecho de que vivía en las afueras de la ciudad, demasiado "protegido", no facilitó mis relaciones o el desarrollo de una personalidad extrovertida que me lastraría en muchas de mis relaciones.

Cuando empecé a preguntarme, no hacia donde iba, sino cual era el motivo por el que muchas de las cosas que hacía siempre acababan en fracaso, descubrí que muchas de ellas estaban motivadas por carencias que había desarrollado durante mi infancia, y que esas ganas de levantar más peso, estar más fuerte o querer almacenar más conocimiento o cultura, venían de querer compensar muchas de esas carencias.

Mi objetivo con este libro es que veas con fábulas, cuentos e **historias reales y personales** que, para progresar como seres humanos, necesitamos fracasar más veces y hacerlo cada vez mejor.

Cada palabra de este libro está elegida a conciencia para aportarte. Nadie es tan bueno como cree. Y eso nos da la oportunidad de mejorar con cada experiencia vivida. No soy una persona religiosa, pero sí creo en las epifanías y en, como nuestras experiencias, malos momentos y vivencias, nos hacen diferentes y como los libros y personas que nos encontramos por el camino nos hacen mejores. De hecho, quiero hacer una mención a *EmotionMe,* programa de podcast de desarrollo personal y gestión de las emociones que me ha permitido establecer contacto con muchas de las personas más excelentes que he conocido en mi vida para obtener píldoras de conocimiento que he repartido por todo el libro.

No sería la persona que soy hoy si no fuera por muchos de los libros que he tenido la oportunidad de leer y releer durante mi vida. Y, tengo el compromiso de que este libro tendrá ese mismo efecto en ti. No es un libro más: es un manual para vivir, un manual del autoconocimiento, de la comunicación, del trato humano y de la gestión de las emociones que, aunque está hecho para que puedas leer cualquier página en el orden que quieras, tendrá mucho más sentido si sigues el orden el cual está desarrollado.

Gracias por leer

....

AGRADECIMIENTOS

A mi madre Encarna, por ser el motivo que sostuvo mis ganas de vivir cuando la incertidumbre y la desesperación se apropiaron de mi vida.

A mi amigo Alberto Álvarez por sus tips de 100 palabras al día y focalizar en la escritura casi todo el tiempo que pasé entre paredes de cristal pensando sobre la infelicidad.

A Marina por decirme que al escribir tratase de hacerlo pensando como me gustaría leerlo.

A las circunstancias traumáticas y vicisitudes que me dieron el valor para no dejarme nada cuando al escribir sentía el peso de la opinión pública.

A las circunstancias favorables y al amor por darme sentido y fuerza para transmitir todo con cariño.

A mis familiares y amigos en especial a Yaiza por su apoyo diario y su amor por la lectura.

A mis atletas Carolina, Oscar, Rome, Jessica, Charles, Kike, Pumuky y muchos más por sus visitas y su cariño y por darme su cariño cada día inspirando la amistad cada página de este libro.

A Merce, Marta, Maria, Arantxa por transmitir solo fuerza, positividad y buen humor en los momentos que más necesitaba.

A mi vikinga Estefanía por ser buena conmigo siempre.

A Sara Moro, mi fisioterapeuta por venir estando embarazada y debatir conmigo quien iba a terminar antes su último proyecto.

A Guti y Aloviti por sus constantes visitas y demostración de verdadera amistad.

A la familia CrossFit Me en especial a mi socio Victor por cuidar de ellos en mi ausencia.

A Pablo Agea por dar conmigo el primer paseo, y uno de los primeros.

A Agustín y Javi, por ser mis surferos favoritos y estar en los momentos mejores y en los de mayor necesidad.

A mi atleta Fernando Tejero, por inspirarme a escribir este libro cuando estaba con él de gira por los teatros de España.

A David e Iratxe por organizar una hoguera de San Juan junto con Silvia que jamás olvidaré.

A mis chicas de la Sen porque no sabría con cual quedarme por ser unas excepcionales mujeres y un ejemplo de persona en todos los sentidos.

A Rubén Espinosa por recomendarme muchos de los libros que han inspirado esta obra entre ellos Sapiens.

A Josué Tari, Goriangel, David Marchante gran fan de Taleb que inspira muchos capítulos de esta obra, Miguel Camarena, Isabel del Barrio con la que comparto mucha literatura, Noe Todea, por aportarme fuerza e inspiración en cada capítulo.

A Jesús Sierra e Isabel Belaustegui por sus llamadas telefónicas llenas de Fe, fuerza, amor y esperanza.

A mis entrevistados del Podcast por darme una visión mucho más amplia de la vida, y nítida sobre lo que ya sabía.

A las visitas diarias de Alejandra Hidalgo y su constante feedback al proyecto sin ella no sería quien soy hoy en día.

A mi amigo Albert Naugle por ser un ejemplo de Estoico en el siglo XXI.

A Jorge Cremades por ofrecerse a hacerme el prólogo y recordarme que no importa lo grande que seas, si no lo grande que es tu calidad humana.

A Marcos Gutierrez por ayudarme con mucho más que la edición y por recordarme la importancia de la antifragilidad.

Al mismo Marcos y a Nacho Portillo por ayudarme con la difusión del libro.

A Carlos mi publicista que me facilitó conocer a Evelyn con la que estoy encantado por entender todo lo que tenía en la cabeza.

A David, mi Informatico que siempre está pendiente de todo.

A todas las personas que a través de las redes sociales me escribíais a diario preguntando por esto dándome la gasolina necesaria para no parar ni un día.

A ti lector, por darnos la oportunidad a los dos una vez más.

A mi leona, Lucía, por hacer que mis paradigmas cambiasen a niveles que antes nunca pude conocer, sin ti no sé dónde estaría hoy.